오십에 읽는 순자

새로운 삶을 시작하기 위한 철학 수업

오십에 읽는 순자

ⓒ 최종엽 2023

1판 1쇄 2023년 3월 2일
1판 7쇄 2023년 12월 27일

지은이 최종엽
펴낸이 유경민 노종한
유노북스 이현정 조혜진 권혜지 정현석 **유노라이프** 권순범 구혜진 **유노책주** 김세민 이지윤
기획마케팅 1팀 우현권 이상운 **2팀** 이선영 김승혜
디자인 남다희 홍진기 허정수
기획관리 차은영
펴낸곳 유노콘텐츠그룹 주식회사
법인등록번호 110111-8138128
주소 서울시 마포구 월드컵로20길 5, 4층
전화 02-323-7763 **팩스** 02-323-7764 **이메일** info@uknowbooks.com

ISBN 979-11-92300-52-8 (03140)

오십에 읽는 荀子 순자

새로운 삶을
시작하기 위한
철학 수업

최종엽 지음

유노
북스

불안정한 미래를
안정적으로 바꾸고 싶다면
순자를 만나라

먹고사는 방법이 하나인 줄 알았습니다. 그러니 학교에서는 성적에 눌려, 직장에서는 학벌에 눌려, 퇴직 후에는 돈에 눌려 발버둥 쳐야만 했습니다. 그러니 선생님의 말씀이나 상사의 지시에 어긋나는 말을 하거나 행동을 하는 것이 어려웠습니다. 교수님의 이론에 토를 달면 졸업이 어려워지고, 상사나 경영진의 지시에 토를 달면 밥줄이 끊어질 지경이니 그렇게 할 수밖에 없었습니다.

힘 있는 사람이 때리면 맞으면서도 참고, 부정부패 부도덕한 세상을 보면서도 그저 남 일처럼 생각하는 바보가 되었습니다. 그렇게 힘겹게 한 걸음 한 걸음 옮겨 다다른 곳이 결국 희망도 기대도 없는 어색한 오십의 나였습니다. 내가 아닌 듯 어색한 나를 발견했습니다.

나는 남 앞에 서면 안 되는 사람인 줄 알았습니다. 사람들의 박수를 받으면 안 되는 사람인 줄 알았습니다. 스스로 목표를 세우고 스스로 변화해서는 안 되는 사람인 줄 알았습니다. 입으로는 변화를 말하면서도 몸으로는 변화를 거부하면서 살았습니다. 그냥저냥 먹고살 만하고 지낼 만했기에 그랬습니다. 발전이 없는 줄 알면서도, 유지는 퇴보임을 알면서도 몸은 어제처럼 살고 싶어 했습니다. 그렇게 50년을 희미하고 재미없는 회색 지대의 인생을 살았습니다.

오십이 추구해야 할 삶이란?

오십은 마음을 열어야 하는 나이입니다. 조금 더 여유 있게 인생을 바라본다면 그간 보이지 않았던 삶의 아름다운 모습들이 보일 것입니다. 지금까지의 삶이 배움의 삶이었다면 이제부터는 가르치는 삶을 살면 좋겠습니다. 지금까지의 삶이 축적의 삶이었다면 이제부터의 나누는 삶을 살면 더 행복할 것입니다. 지금까지의 삶이 뛰는 삶이었다면 이제부터는 걷는 삶을 살면 좋을 것입니다. 지금까지의 삶이 빠른 삶이었다면 이제부터는 느린 삶이 되면 좋겠습니다. 지금까지의 삶이 다른 사람을 읽는 삶이었다면 이제부터는 나를 읽는 삶을 살면 좋겠습니다.

지금까지는 하고 싶은 말을 하면서 살았다면 이제부터의 삶은 다른 사람이 듣고 싶은 말을 하면서 살아 보면 좋겠습니다. 지금까지는 직설적이고 빠르고 가시 돋친 말을 많이 하면서 살았다면 이제부터는 조금 느리지만 여운이 있고 부드러운 말을 하면서 살아 보면 좋겠습니다. 지금까지는 남을 탓하고 핑계를 대면서 살았다면 이제부터는 나를 돌아보고 핑계 대지 않는 삶을 살아 보면 좋겠습니다. 지금까지는 혼자만 열심히 살았다면 이제부터는 가족과 친구와 이웃과 함께 살아가는 삶을 살아 보면 좋겠습니다. 지금까지 밀려 가는 삶을 살았다면 이제부터는 밀어 가는 삶을 살아 보면 좋겠습니다.

오십은 용기를 내기에 늦지 않은 나이입니다. 육십, 칠십, 팔십에 새로운 용기를 가지는 사람도 적지 않습니다. 그러니 오십에 용기를 내는 것은 그리 큰일이 아닙니다. 일을 시작하기도 전에 미리 안 된다고 생각할 필요가 없습니다. 부딪히기도 전에 먼저 넘어질 생각부터 하는 것은 핑계일 수 있습니다. 변화가 용기입니다. 내가 할 수 있는 가장 작은 것부터 움직이는 것이 변화고 용기입니다.

중년에 하는 공부는 귀로 들어와, 마음에 붙어서, 온몸으로 퍼져, 행동으로 나타나는 공부여야 합니다. 지금까지는 본의 아니게 귀로 들어와 바로 입으로 나오는 공부를 했다면 이제부터는 마음에 남고 행동으로 실천하는 공부를 하는 편이 더 좋습니다. 젊어서 하는 공부의 목적이 취업이나 승진을 위해 기업이나 상사에게 잘 보이기 위해서였다면, 중년에 하는 공부는 나를 아름답고 행복하게 만드는 '나를 위한 공부'여야 합니다.

사람은 누구나 원하는 인생을 살 수 있다

모두가 긍정하는데 혼자 부정하는 것에는 대단한 용기가 필요합니다. 모두가 부정하는데 혼자 긍정하는 것도 마찬가지입니다. 모두가 할 수 없다고 하는데 혼자 할 수 있다 하는 것도, 모두가 할 수 있다고 하는데 혼자 할 수 없다고 주장하는 것도 마찬가지입니다. 그런데 2,000년보다도 더 먼 옛날, 공자를 따랐던 맹자와 순자가 기존의 생각을 깨부수기 시작했습니다.

맹자는 "인간은 원래 선한 마음을 가지고 태어났기에 누구든 자신이 원하는 인생을 살 수 있다"라고 말했습니다. 순자는 "인간은 원래 악한 마음을 가지고 태어났지만 배움을 통해 자신이 원하는 인생을 살 수 있다"라고 말했습니다. 그들은 '사람은 누구나 자신이 원하는 인생을 살 수 있다'는 비밀을 이미 춘추 전국 시대에 가르쳤습니다.

인간의 본성은 누구나 비슷하다고 말한 공자, 천명이 곧 인간의 본성이라는 자사, 성선설을 주장했던 맹자, 성악설을 주장했던 순자가 바로 춘추 전국 시대를 관통한 현인들이었습니다. 삶이 순조로운 시기에는 《논어》나 《맹자》를 읽어 보는 것이 좋습니다. 그러나 춘추 전국 시대처럼 변화와 도전이 필요한 시기에는 《순자》를 읽어 보는 것이 더 좋습니다. 2,000년도 더 된 옛날 현인들의 이야기가 오늘도 반복되기 때문입니다.

내가 믿는 세상이 다가 아님을 알아야 변화가 시작됩니다. 나의 가치가 전부가 아님을 알아야 변화가 시작됩니다. 지금까지의 경험으로 만든 나의 가치도 소중하지만 그것이 최고가 아닐 수도 있습니다. 더 멋지고 더 가치 있는 삶으로 이동할 수 있는데도 기존의 생각 때문에 움직일 수 없다면 이제 《순자》를 읽어야 할 시간입니다.

현실적인 변화의 방법을 담은 《순자》

순자의 학설은 객관적이고 현실적입니다. '어떻게 살아야 하는가?'가 아닌 '지금 어떻게 살고 있는가?'에 초점을 둔 현실주의자였습니다. 오십에는 손에 잡히는 변화가 필요합니다. 이 책에서 순자의 기본 철학과 순자가 피력하는 삶의 과제, 삶의 원칙, 삶의 기본을 바탕으로, '나의 강점 선택과 강점 강화'라는 50대의 현실적인 과제를 다루었습니다.

1장에는 지금까지 꿈꾸던 삶, 원하던 삶을 살았는지를 물으며 오십이 《순자》를 읽어야 하는 이유를 전합니다. 크게 성악론(性惡論), 천론(天論), 예론(禮論), 학론(學論)으로 구분하는 순자의 철학과 순자가 기존의 사상에 반기를 든 이유를 설명합니다. 퇴직 후 무엇을 해야 할지 몰라 불안하고 막막한 오십, 하고 싶은 일이 있지만 망설이는 오십, 새로운 꿈을 찾는 오십, 변화의 방법을 모르는 오십에게 도전과 시작을 위한 용기를 줄 것입니다.

2장에서는 불확실한 지금을 바꾸기 위해 먼저 풀어야 할 과제를 제시했습니다. 변화하려면 세상을 어떤 관점으로 바라보아야 하는지, 어떤 지혜와 도구를 갖추어야 하는지, 어떤 전략을 세워야 하는지 등 인생 후반의 출발선 앞에 선 오십을 위한 준비 자세를 설명합니다. 특히 순자의 통찰을 빌어 새출발을 앞둔 오십, 육십, 칠십, 그 이상의 시기에 필요한 목표를 선택하고 이를 효율적으로 이룰 수 있는 시간 경영 전략을 제안했습니다.

3장에서는 이전보다 더 가치 있는 삶, 원하는 삶을 이루는 구체적인 방법을 제시합니다. 인생 후반의 곧은 심지가 되어 줄 강점을 찾고 이를 강화하는 법, 인생을 빛나게 하는 원칙과 흔들리는 인생을 다잡아 주는 순자의 가르침을 살펴봅니다. 이때 인생 전반과 후반 모두에 직업이나 직종에 무관하게 적용할 수 있는 핵심적인 인생 전략 두 가지를 구체적으로 설명합니다. 바로 책 쓰기와 강연입니다.

독서와 쓰기의 학습으로 만들어지는 책 쓰기와 강연은 즐겁고 행복한 삶을 원하는 사람들에게 좋은 수단이 됩니다. 우리가 워드와 엑셀을 배우는 이유는 워드와 엑셀 자체가 궁금해서가 아닙니다. 업무를 효율적으로 할 수 있는 도구이기 때문입니다. 우리가 책 쓰기와 강의에 대한 팁을 알아야 하는 이유 역시 마찬가지입니다. 책 쓰기와 강의를 알고 싶어서가 아닙니다. 책 쓰기와 강의를 익히면 나의 강점을 강화하고 행복한 인생을 살기 위한 도구로 사용할 수 있기 때문입니다.

4장에서는 순자가 알려 주는 인생 후반의 변화와 즐거움을 지속하는 방법을 살펴볼 것입니다. 순자는 '청출어람(靑出於藍)'을 처음 말한 사상가입니다. '청출어람'은 '쪽풀에서 뽑아낸 푸른 물감이 쪽풀보다 더 푸르다'는 뜻입니다. 즉 '배움을 통해 이전보다 더 즐거운 삶을 살 수 있다'는 의미입니다.

배움은 변화의 원동력입니다. 우리는 춘추 전국 시대 못지않은 강한 소용돌이를 헤치며 인생 후반을 지나야 합니다. 천재 물리학자 아인슈타인은 어제와 같은 생각, 어제와 같은 행동을 계속하면서 오늘 다른 결과를 기대한다면 이는 정신병의 초기 증세라고 했습니다.

"같은 것을 반복하면서 다른 결과를 기대하는 것은

정신병의 초기 증세다."

(Insanity: Doing the same thing over and over again and expecting different results.)

    미래에 하고 싶은 일을 하면서 발전하는 인생을 위한 학습 전략을 순자에게 배워 봅니다. 나이 오십이 넘도록 답답한 회색 지대를 벗어나지 못했다면, 이제 순자의 명확한 답을 들을 차례입니다.

차례

· 2장 ·

새롭게
시작할 준비가
되었는가?

: 용기를 주는 순자의 가르침

·3장·

어떻게
더 가치 있는 삶을
만들 것인가?

: 내가 원하는 인생을 사는 법

1장

미래가
불투명하고
불안한가?

변화가 필요할 때 읽어야 하는 《순자》

그것은
아무것도 아니다

• 자각 •

기우제를 지내면 비가 오는 이유는 무엇인가?
그것은 아무것도 아니다.
기우제를 지내지 않아도 비는 온다.

雩而雨 何也
曰 無何也
猶不雩而雨也

우이우 하야
왈 무하야
유불우이우야

〈천론편〉 9장

2022년 6월 초 강원도 영월군은 봉래산 정상에서 가뭄 해소
를 기원하는 기우제를 지냈습니다. 영월 군수는 "최근 영월 지

역에 거의 비가 오지 않는 등 심한 가뭄으로 농작물 피해 우려가 커지고 있는데, 단비가 내려 올해도 큰 자연재해 없는 풍년이 되기를 기원합니다"라고 말했습니다.

1600년대 조선 중기 충청도에 가뭄이 들었습니다. 충주 현감은 기우제를 지내면서 다음과 같은 제문을 지었습니다.

"먹는 것이 백성의 하늘이고 백성에게 신령이 의지하나니, 백성이 아니면 신령이 배를 곯고 식량이 아니면 백성이 굶주리나이다. 토지와 샘이 타들어 가고 농지를 포기한 채 농사짓지 못해 온 고을이 불사른 듯하니 백성이 탄식하나이다. 재해를 당함이 이토록 혹독해 반성하자니 부끄럽고, 저의 마음이 불타는 듯하고 저의 살을 베어 내는 듯하나이다. 지방 수령에게 허물이 있어서 내리는 벌을 사양하기 어렵지만, 백성이 거의 죽게 생겼으니 신령께서 어찌 이럴 수 있나이까?"

이경여, 《백강집》

《조선왕조실록》에 의하면 세종은 136회, 숙종은 115회, 영조는 101회의 기우제를 지냈다고 합니다. 그런데 2,300년 전 공자의 학문을 제대로 이어받은 전국 시대의 사상가 순자는 이렇게 말합니다.

"기우제를 지내면 비가 오는 이유는 무엇인가? 그것은 아무것도 아니다. 비는 기우제를 지내지 않아도 온다. 사람들은 일식과 월식이 일어나면 재난을 막는 의식을 행하고, 가뭄이 들면 기우제를 지내고, 점을 쳐 본 뒤에야 큰일들을 결정하는데 그렇게 해서 바람이 이루어진다고 여기기보다 형식을 갖추어 위안을 얻는 것이다.

그러므로 군자는 형식을 갖추기 위해 그런 일을 하고, 백성은 신령스러운 일이라 여겨 그런 일을 한다. 형식을 갖추기 위해 그런 일을 하면 길하지만, 신령스럽다 여기고 그런 일을 하면 흉하다."

《순자》〈천론편〉 9장

기우제는 형식일 뿐 결코 신령스러운 일이 아니라는 뜻입니다. 사람들이 기우제를 거행한 주목적은 형식적인 이벤트를 통해 마음의 안정을 얻기 위해서였습니다. 조선의 왕들도 지방의 목민관들도 영월 군수도 마찬가지였습니다.

객관적이고 현실적인 순자의 철학

순자의 이름은 황(況) 혹은 순경(荀卿)이라고 합니다. 기원전 323년경 조나라에서 태어났고 성인이 되어서는 제나라 국립 연구 기관인 직하학당의 학생이 되었습니다. 순자는 이곳에서 유가, 묵가, 도가, 법가, 명가 등 전국 시대의 제자백가 사상을 섭렵했고, 나중에는 직하학당의 총장 격인 좨주를 세 번이나 지냈습니다. 이후 초나라 재상인 춘신군의 눈에 들어 초나라 난릉의 수령으로 지내다 기원전 238년경에 세상을 떠났습니다.

《순자》는 순자와 그의 제자들이 쓴 글을 한(漢)나라의 유향이 《손경신서》라는 제목으로 정리한 책입니다. 비슷한 시기에 활동한 유학자인 맹자의 글이 열정적이고 격하다면 순자의 글은 냉정하고 논리적입니다. 《순자》는 〈권학편〉, 〈수신편〉, 〈왕제편〉, 〈부국편〉, 〈천론편〉, 〈예론편〉, 〈악론편〉, 〈성악편〉 등 총 20권의 32편으로 구성되어 있으며, 자연론, 성악설, 인식론, 예론, 정치론 등 다양한 주제를 다룹니다.

《순자》에는 공자의 다양한 어록이 등장합니다. 그 이유는 무엇일까요? 기원전 중국의 역사는 하나라, 상나라, 주나라, 진(秦)나라, 한(漢)나라로 이어집니다. 3,000년 전 주나라의 탁월한 지도자였던 주공은 국가의 기본 제도를 만들었습니다. 그런데 500여 년이 흘러 춘추 시대에 이르자 국가 경영의 기본 철학이 무너졌습니다.

공자라는 탁월한 현인이 나타나 흐트러진 예악을 제정하고 질서를 잡았으나 전쟁의 소용돌이가 몰아치는 전국 시대가 시작되자 상황이 바뀌었습니다. 모든 사람을 차별없이 사랑해야 한다는 묵자의 겸애주의 정신을 따르는 학파가 사람들의 박수를 받았고 공자의 도는 점점 사라지는 듯했습니다.

이때 나타난 현인이 바로 맹자와 순자입니다. 기원전 479년 공자 사후의 유학은 크게 두 갈래로 발전합니다. 공자의 제자 중 가장 나이가 어렸던 증자가 공자의 손자인 자사를 가르쳤고, 자사가 죽은 지 10여 년 후에 맹자가 태어났습니다. 맹자는 자사의 제자들로부터 공자의 유학을 배웠습니다. 그렇게 어진 마음, 충심, 믿음 같은 덕을 중요하게 생각하는 공자의 정신 철학은 증자에 이어 자사로, 그리고 맹자에게 계승되었습니다.

실천과 예의를 존중하는 공자의 행동 철학은 공자의 제자였던 자유와 자하를 거쳐 순자에게로 계승되었습니다. 즉 맹자의 철학이 주관적이고 이상적이었다면 순자의 철학은 객관적이고 현실적이라고 볼 수 있습니다.

막연한 미래를 극복할 방안을 제안하다

순자는 말했습니다.

"군자는 자기에게 있는 것에 힘쓰고, 하늘에 달린 것은 흠모하지 않기에 날로 발전한다. 소인은 자기에게 있는 것은 버리고, 하늘에 달린 것을 흠모하기 때문에 날로 퇴보한다."

앞서가는 리더는 본인의 실수나 실패의 원인을 자신에게서 찾으려 노력하지만 보통 사람들은 다른 사람에게서 원인을 찾습니다. 그래서 리더는 실수나 실패를 줄여 가지만 보통 사람은 실수나 실패를 반복하는 우를 범합니다.

나날이 발전하는 사람은 꾸준한 일로써 승부를 삼고, 나날이 퇴보하는 사람은 일확천금의 요행을 승부로 삼습니다. 발전하는 사람은 자기가 조절할 수 있는 일에 힘쓰고, 퇴보하는 사람은 자기가 조절할 수 없는 일에 힘씁니다. 행복한 사람은 자기에게 있는 것에 집중하고, 불행한 사람은 자기에게 없는 것에 집중합니다.

활기찬 직장인은 자기가 할 수 있는 업무에 충실하고, 우울한 직장인은 자기가 할 수 없는 업무에 치입니다. 앞서가는 사람은 자신에게 있는 것에 힘쓰고, 뒤처지는 사람은 자신에게 있는 것을 버립니다. 앞서가는 사람은 자기가 할 수 없는 것을 버리지만 뒤처지는 사람은 자기가 할 수 없는 것을 흠모합니다.

그러니 자기에게 집중하는 사람은 그 끝이 행복하지만 다른 사람에게 매달리는 사람은 그 끝이 허무합니다. 같은 위치에 있어도 어디를 바라보느냐에 따라 승부가 갈립니다. 같은 처지에 몰려도 어디에 집중하느냐에 따라 미래가 갈립니다. 같은 직장을 다녀도 어디에 힘쓰느냐에 따라 연봉이 달라집니다. 그러니 같은 시대, 같은 하늘 아래 살아도 어떤 생각을 하는가에 따라 인생이 달라집니다.

삶이 안정되고 순조로운 시기에는 평화와 조화로운 삶을 위해 정신과 정의를 북돋아 주는 《논어》나 《맹자》를 읽어 보는 편이 좋습니다. 하지만 미래가 불투명하고 변화가 필요한 시기에는 막연한 이상보다는 현실적이고 객관적인 시각으로 난세의 전국 시대를 극복하려고 노력했던 《순자》를 읽어 보는 편이 더 좋습니다. 이는 국가나 사회나 개인이나 크게 다르지 않습니다. 내가 믿는 세상이 다가 아님을 알아야 변화가 시작되기 때문입니다. 내가 믿는 신이 최고인 것처럼 다른 사람들이 믿는 신도 그들에게는 최고이기 때문입니다.

변화는 나의 가치가 지금까지 이룬 것이 다가 아니라는 것을 알 때 시작됩니다. 지금까지 경험으로 만들어진 나의 가치도 소중하지만 그것이 최고가 아닐 수도 있습니다. 더 멋지고 더 가치 있는 삶으로 이동할 수 있는데도 기존의 생각 때문에 움직일 수 없다면 《순자》를 읽어야 할 시간입니다.

순자처럼 변화를 궁리하라

사람들이 하고 싶은 일을 못 하는 이유는 무엇일까요? 그것은 아무것도 아닙니다. 단지 망설이고 있기 때문입니다. 편안하지만 무엇인가가 채워지지 않는 현실을 빠져나가려면 불편을 감수해야 합니다. 참을 만해도 불편한 현실을 빠져나가기 위해서는 불안을 이겨 내야 합니다. 그 불편과 불안 때문에 하고 싶은 일을 바로 시작하지 못하고 망설이고 있을 뿐입니다.

망설임이 끝났는데도 하고 싶은 일을 못 하는 이유는 무엇일까요? 그것은 아무것도 아닙니다. 단지 선택에 시간이 조금 더 필요하기 때문입니다. 조금 더 쉽고, 성취 가능성이 높은 방법을 찾고 있을 뿐입니다. 이때 망설임을 멈추는 쉬운 방법은 두 가지입니다. 지금 하는 일을 좋아하거나 좋아하는 일을 찾으면 됩니다.

좋아하는 일을 선택했지만 정말 하고 싶은 일을 못 하는 이유는 무엇일까요? 그것은 아무것도 아닙니다. 단지 하지 않기 때문입니다. 기존의 일을 좋아하는 쪽을 택하든, 기존의 일을 접고 좋아하는 새 일을 선택하든, 어느 것도 쉽지는 않습니다.

마음처럼 되지 않는 이유는 궁리를 미루기 때문입니다. 머뭇거리는 이유는 깊이 생각하는 일을 미루기 때문입니다. 궁리하지 않고 바꾸지 않는다면 지겹고 지루했던 기존의 일이 좋아질 리가 없습니다. 좋아 보이는 새로운 일도 시작하기가 어렵습니다. 아무것도 하지 않고 단지 기다리기만 한다면 싫은 것이 좋아질 수는 없습니다.

좋은 직장, 나쁜 직장이 따로 있는 것이 아닙니다. 그 안에서 어떻게 일을 하느냐가 중요합니다. 어떤 마음으로 일을 대하느냐가 더 중요합니다. 스스로 궁리하지 않는 사람은 어떤 좋은 직장을 다닌다 해도 좋은 결과를 얻기가 어렵습니다. 아무리 빛나는 업무를 맡는다고 해도, 아무리 튼튼한 직장을 다닌다 해도 좋은 결과를 얻기가 어렵습니다. 가만히 있어도 높은 연봉을 주는 곳은 부모님이 운영하는 회사밖에 없습니다. 그런데 이 회사나 연봉은 부모님이 사라지면 모두 사라집니다.

궁리하지 않고 해결되는 것은 없습니다. 생각하지 않고 가질 수 있는 것도 없습니다. 궁리하지 않고, 생각하지 않아도 가질 수 있는 것은 이미 다른 사람들이 버리거나 쓰다 남은 것뿐입니다. 귀하고 아름답고 원하는 것을 얻으려면 궁리해야 합니다. 궁리가 길을 만듭니다.

하늘에 바라기보다
스스로 만드는 것이 낫다

· 전환 ·

군자는 자기에게 있는 것에 힘쓰고, 하늘에 달린 것은 흠모하지 않기에 날로 발전한다.
소인은 자기에게 있는 것은 버리고, 하늘에 달린 것을 흠모하기 때문에 날로 퇴보한다.

君子敬其在己者 而不慕其在天者 是以日進也
小人錯其在己者 而慕其在天者 是以日退也

군자경기재기자 이불모기재천자 시이일진야
소인조기재기자 이모기재천자 시이일퇴야

〈천론편〉 7장

어떤 사람이 인간으로서 용서받기 어려운 몹쓸 짓을 했다면
맹자는 "천벌을 받을 것입니다"라고, 순자는 아마도 "천벌은 없

습니다. 단지 사람이 벌할 뿐입니다"라고 말했을 것입니다.

맹자는 사람은 자연의 선한 이치를 그대로 이어받았고 따라서 사람의 본성이 선하다고 주장했습니다. 반면 순자는 인간의 본성은 악하다고 주장하면서 그동안 연결되었던 하늘과 인간의 고리를 풀고자 했습니다. 하늘은 하늘일 뿐이고 사람은 사람일 뿐으로, 이 둘은 아무런 관계가 없다고 했습니다. 하늘을 인간의 본성을 결정하는 인간 위의 하늘에서 인간과 관련이 없는 자연 그대로의 하늘로 놓아준 것입니다.

하늘은 스스로 돕는 자만을 돕는다

본래 유가에서 하늘은 사람 위에서 세상을 지배하는 절대자였습니다. 그러니 맹자는 선한 하늘에 반하는 악한 행동을 하면 하늘이 가만두지 않고 천벌을 내릴 것이라 한 것입니다. 하지만 순자의 하늘은 달랐습니다. 순자는 하늘과 사람을 분리했습니다.

"하늘의 운행에는 일정한 법도가 있다. 하늘은 요임금 때문에 존재하는 것도, 걸왕 때문에 없어지는 것도 아니다. 농사에 힘쓰고 절약하면 하늘도 가난하게 할 수 없고, 잘 먹고 잘 움직이면 하늘도 병들게 할 수 없으며, 올바른 도리에 어긋나지 않으면 하늘도 재난을 당하게 할 수 없다. 그러므로 장마와 가뭄도 그런 사람을 굶주리게 할 수 없고, 추위와 더위도 그런 사람을 병들게 할 수 없으며 요괴도 그런 사람을 불행하게 할 수 없다.

농사 같은 기본이 되는 일은 버려두고 사치만 부리면 하늘은 그를 부유하게 할 수 없으며, 잘 먹지 않고 잘 움직이지 않으면 하늘은 그를 온전하게 할 수 없으며, 도리에 어긋나는 행동을 하면 하늘도 그를 길하게 할 수 없다. 그러므로 장마와 가뭄이 오기 전에 굶주리고, 추위와 더위가 닥치지 않아도 병이 나며, 요괴가 나타나기도 전에 불행해진다."

《순자》〈천론편〉

맹자와 달리 순자는 하늘(자연)에는 하늘의 법칙이 있고 사람에게는 사람의 법칙이 있음을 천명했습니다. 이는 서양의 천문학자인 코페르니쿠스의 지동설만큼이나 혁신적인 논리였습니다. 순자는 일식과 월식이 생기고, 철에 맞지 않는 비바람이 일고, 하늘에서 별이 떨어지는 것은 어느 세상에서나 있었던 일로 두려워할 필요가 없다고 했습니다.

순자의 말은 지금은 상식이 된 너무나 당연한 이야기입니다. 그렇지만 당시 순자가 공자, 맹자를 비롯한 모든 지식인이 인정했던 하늘의 지엄한 절대 가치를 단칼에 부정하기란 절대 쉽지 않았을 것입니다. 많은 사람이 상식처럼 알고 있는 어떤 지식을 단칼에 부정하는 것은 패러다임을 바꾸는 것입니다. 이는 지금도 결코 쉬운 일이 아닙니다. 그러니 순자는 당대의 패러다임을 바꾸려 한 대단한 학자였습니다.

하늘에 반기를 든 순자

"하늘을 위대하게 여기고 생각하는 것보다 하늘이 내린 물(物)을 모으고 기르면서 제어하는 게 좋지 않겠는가? 하늘을 따르고 기리기만 하는 것보다 하늘로부터 타고난 것을 제어하면서 이용하는 것이 더 낫지 않겠는가? 때를 기다리는 것보다 때를 이용하는 게 더 낫지 않겠는가?

물건을 그냥 두고 단지 많아지기를 바라는 것보다 능력을 발휘해 변화시키는 게 더 낫지 않겠는가? 물건을 가지려 생각하면서 만물은 모두 자기 것이라 여기는 것보다 물건을 정리해 잃지 않도록 하는 게 더 낫지 않겠는가? 물건을 생성하는 자연을 단지 사모하는 것보다 물건을 만들어 내는 게 더 낫지 않겠는가? 그러므로 사람의 입장을 버리고 하늘만 생각한다면 곧 만물의 진정한 모습을 잃을 것이다."

《순자》〈천론편〉 11장

순자는 하늘에는 하늘의 길이 있고, 인간은 인간의 길에 따라 살아가는 것이기에 하늘과 사람은 아무런 관계가 없다고 정의했습니다. 순자의 주장을 들으면 "물은 물이고 산은 산이다"라고 말한 성철 스님의 말씀이 생각나기도 합니다.

순자는 하늘은 존경의 대상이 아니라 이용의 대상으로, 무작정 하늘의 뜻을 기다리는 것보다 적극적으로 자연을 이용하고 활용해 원하는 것을 만들어 내는 편이 더 낫다고 말했습니다. 세상 사람 모두가 하늘을 경외하고 두려워할 때 던진 순자의 과감한 논리였습니다. 순자는 하늘(자연)에는 하늘의 법칙이 있고 사람에게는 사람의 법칙이 있음을 천명했습니다.

순자의 사상이 전해지기 전까지만 해도 사람들에게 하늘은 특별한 존재였습니다. 보통 사람들이 범접할 수 없는 경외의 대상이었습니다. 악하게 살면 천벌을 내리고 선하게 살면 복을 내려 주는 권선징악의 선한 하늘이었습니다. 맹자는 그런 선한 하늘의 명령이 인간의 본성이기에 그 본성을 잘 따른다면 사람은 누구나 성인이 될 수 있다고 주장했습니다. 그 어떤 못난 군주도 성선설을 믿는다면 훌륭한 명군이 될 수 있다는 희망을 버리지 않았습니다.

순자는 왜 기존의 하늘에 반기를 들었을까요? 이유는 크게 두 가지입니다. 하나는 시대적 상황 때문이었고 다른 하나는 유학자로서의 희망 때문이었습니다.

전국 시대 말, 서쪽 지방의 새로운 강국인 진(秦)나라가 법치로 무장해 천하를 무력으로 굴복시켰습니다. 맹자가 아무리 성선설을 외치고 다녀도 세상은 점점 더 극악무도한 전쟁 속으로 빠져들었습니다.

순자는 사람이 폭력을 행하는 세상에서 "사람은 선하다"라고 외치기보다 군주와 백성을 바르게 이끌 현실적인 유학을 새롭게 시작해야 한다고 생각했습니다. 그 결과 '사람의 본성은 악하다'는 성악설과 함께 천론, 즉 "인간의 운명은 하늘에 달린 것이 아니라 인간에게 달렸다"라고 주장했습니다. 이것이 바로 세상 사람 모두가 하늘을 경외하고 두려워할 때, 순자가 하늘에 대한 인식을 뒤집고 자연의 하늘을 말한 이유입니다.

삶은 마음먹기에 따라 변한다

"때를 기다리는 것보다 때를 이용하는 게 더 낫지 않겠는가? 하늘을 위대하게 여기고 그것을 생각하는 것보다 제어하면서 이용하는 게 더 낫지 않겠는가?"

2,300년 전 순자의 말입니다.

'나는 원래 그런 사람이야'라고 생각하면서 계속 불만족스러운 삶을 사는 것보다는 '나는 원래 그런 사람이 아니야'라고 생각을 바꾸어 인생의 변화를 시도하는 쪽이 더 낫지 않을까요? 지금의 삶을 천명으로 받아들여 지금처럼 그냥 그렇게 사느니 목표를 정하고 변화를 시도해 내가 원하는 삶으로의 전환이 더 낫지 않을까요? 만약 내가 시도할 수 없다고 생각한다면 나는 시도할 수 없을 것입니다. 만약 내가 뛰어나다고 생각한다면 나는 그렇게 될 것입니다. 내가 리더라고 생각하면 나는 리더의 길을 가게 될 것입니다.

잘난 사람이나 못난 사람이나 모두 같은 사람입니다. 대중목욕탕에 가 보면 바로 알 수 있습니다. 축구장이나 야구장을 가 보아도 마찬가지입니다. 그런데 어떻게 잘난 사람과 못난 사람을 구분하고 구별할 수 있을까요? 높은 산에 오를 때마다 그림처럼 흩어진 도시의 수많은 빌딩과 아파트, 그 안에 사는 더 많은 사람을 어떻게 잘난 사람과 못난 사람으로 구분하고 구별할 수 있을까요?

다른 사람과의 비교를 줄여야 더 행복해집니다. 가장 돈 많은 사람은 딱 한 명입니다. 최고의 권력자도 딱 한 명입니다. 가장 아름다운 사람도 딱 한 명입니다. 가장 지혜로운 사람도 딱 한 명입니다. 행복의 조건이 돈이라면 세상에 행복한 사람은 딱 한 명뿐입니다. 행복의 조건이 권력이라면 세상에 행복한 사람은 딱 한 명뿐입니다. 행복의 조건이 아름다움이라면 세상에 행복한 사람은 딱 한 명뿐입니다. 행복의 조건이 지혜라면 세상에 행복한 사람은 딱 한 명뿐입니다.

불행의 시작은 비교입니다. 다른 사람, 다른 물건, 다른 조건과 비교하기 시작하면 그간의 행복은 비교라는 창문 사이로 바람처럼 사라집니다. 세상에 최고는 단 하나밖에 없기 때문입니다. 비교는 한 개를 제외한 나머지 99개를 불행하게 만드는 독약과도 같습니다. 비교는 언제 어디서나 자신을 작고 슬프게 만드는 악성 바이러스입니다.

그렇지만 오늘의 나를 어제의 나와 비교하고, 내일의 나는 오늘의 나와 비교하면 마음에 안정이 찾아오면서 삶이 발전합니다. 오늘의 나는 나보다 못난 사람과 비교하고, 내일의 나는 나보다 잘난 사람과 비교하면 인생이 행복해집니다. 그러면 지난날 자신의 노력에 감사하게 됩니다. 오늘보다 조금 더 발전하는 내일을 생각하면 오늘이 조급해지지 않습니다. 나의 보폭으로 내가 할 수 있는 만큼의 열정과 노력으로 하루하루를 만족하면서 살아갈 수 있습니다.

오늘의 나를 내일의 나와 비교하고 내일의 나는 모레의 나와 비교하면 마음은 늘 불안하고 삶이 피곤해집니다. 오늘의 나는 나보다 잘난 사람과 비교하고, 내일의 나도 나보다 잘난 사람과 비교하면 인생이 불행해집니다. 그러면 아무리 열심히 살아도 행복하지 않습니다. 더 열심히 사는 사람이 있기 때문입니다. 아무리 여유가 생겨도 즐겁지 않습니다. 더 여유 있는 사람이 있기 때문입니다. 아무리 좋은 성적과 성과를 거두어도 마음은 늘 공허합니다. 더 좋은 성적과 성과를 거두는 사람이 있기 때문입니다. 이런 세상은 모두가 불행한 사회입니다. 불행한 세대입니다. 행복하지 않은 국가입니다. 결국 불행한 지구가 됩니다.

한 개를 제외한 나머지 99개를 불행하게 만드는 것과 한 개를 제외한 나머지 99개를 행복하게 만드는 것, 둘 중 어느 쪽을 선택하는 편이 더 나을까요? 죽는 날 하루만 행복하고 살아온 모든 날이 불행해지는 방법과 죽는 날 하루만 불행하고 살아온 모든 날이 행복해지는 방법이 있다면 어느 쪽을 선택하는 편이 더 나을까요?

선한 것은
배움의 결과뿐이다

· 본성 ·

사람의 본성은 악하니 그것이 선해지는 까닭은 작위 때문이다.
지금 사람들의 본성은 나면서부터 이익을 좋아하는데, 이것을 따르
기 때문에 쟁탈이 생기고 사양함이 없어진다.

人之性惡 其善者僞也
今人之性 生而有好利焉 順是 故爭奪生而辭讓亡焉

인지성악 기선자위야
금인지성 생이유호리언 순시 고쟁탈생이사양망언

〈성악편〉 1장

순자가 주장한 성악설의 기원은 60년 전 맹자를 넘어 240여
년 전 공자까지 올라갑니다. 사실 공자는 하늘이니 천성이니
하는 말은 별로 하지 않았습니다. 《논어》에서 성(性)에 관한 공

자의 가르침은 다음 어구가 유일합니다.

"나면서부터 지닌 본성은 서로 가까우나 익힘과 반복에 따라 서로 멀어진다."

《논어》〈양화편〉 2장

본성이나 천성은 누구나 비슷비슷하다는 말입니다. 비슷하게 태어나지만 어떤 환경에서 어떤 교육을 받고, 어떤 반복적인 행위를 지속하느냐에 따라 달라진다는 뜻입니다. 천성이 비슷한 형과 동생이 있다고 해도 수십 년을 각자의 방식대로 살다 보면 서로 다른 길을 갑니다. 이는 형과 동생의 천성이나 본성의 차이가 아닌 매일매일 반복적으로 한 행동과 생각의 차이 때문입니다. 사람이 가지고 태어나는 것은 서로 비슷하지만 어떤 것을 선택하고 반복하느냐에 따라 서로 다른 결과를 만들어낸다는 뜻입니다.

맹자, 사람의 본성은 선하다

'인생을 어떻게 살아가야 하는가'라는 고민에 통찰력을 주는 《중용》은 사서삼경(四書三經)의 하나입니다. 《중용》의 저자로 알려진 자사는 공자의 손자입니다. 자사는 공자의 제자인 증자의 가르침을 받고 성장했습니다. 《중용》은 총 33장으로 구성되었는데 1장에서 20장까지는 공자의 말을 통해 중용에 관한 개념을 정리하고, 21장부터 33장까지는 자사의 성(誠)에 대한 개념을 따로 정리했습니다. 사람의 본성과 천성은 어떻게 만들어졌을까요? 어디서 온 것일까요?

자사는 《중용》의 첫 문장에서 "천명을 성이라 한다"라고 적으며 성(性)을 새롭게 정의합니다. 천명, 즉 하늘의 명령이 곧 사람의 본성이라는 뜻입니다. 이렇듯 자사는 하늘과 인간을 동일시했습니다. 하늘의 뜻이 인간의 본성이라면서 애매하지만 아주 그럴듯하게 인간의 본성을 끌어올려 사람이 가진 가능성을 강조했습니다.

자사의 학문에서 유학을 배운 맹자는 사람은 특별히 배우지 않아도 네 가지 선한 마음을 가지고 있다고 주장했습니다. 불쌍하고 측은한 사람을 보면 가엾게 여기는 측은지심(惻隱之心), 자신의 옳지 못함을 부끄러워하고 다른 사람의 착하지 못함을 미워하는 수오지심(羞惡之心), 윗사람을 보면 양보할 줄 아는 사양지심(辭讓之心), 옳고 그름을 구별하는 시비지심(是非之心)이 바로 그것입니다.

맹자는 이 네 가지가 사람이 마땅히 갖추어야 할 성품인 인의예지(仁義禮智)의 기반이므로 인간은 나면서부터 선하다는 성선설을 주장했습니다. 즉 사람에게는 깊이 생각하지 않아도 저절로 알고 있는 양지(良知)와 배우지 않아도 할 수 있는 양능(良能)이 있어, 부모를 사랑하고 윗사람을 따르며 지저분하면 누가 시키지 않아도 청소하고 불쌍한 사람을 보면 선행을 베푼다고 했습니다. 사람의 본성은 원래 선하지만 살면서 자신의 욕망과 유혹을 이겨 내지 못하니, 학습을 통해 사람이 본래 가진 양지와 양능을 끌어내야 한다는 요지입니다. 그러니 군주는 자신의 선한 양심만 따라도 훌륭한 국가를 만들고 만백성에게 박수를 받을 수 있다고 했습니다.

순자,
인간의 본성은 악하다

순자는 성악설을 주장했습니다. 순자가 활동한 전국 시대 후반기는 공자의 덕의 정치, 즉 덕치(德治)나 맹자의 의로운 정치, 즉 의치(義治)가 발을 들여놓을 틈이 전혀 없는 형국이었습니다. 순자는 천하가 전쟁의 소용돌이에 휘말린 상황에서 한가하게 성선설을 주장할 여유는 없다고 생각했습니다. 사태를 받아들이고 이를 타파할 유학의 새로운 출구를 찾으려 했습니다.

순자가 보기에 치열한 전국 시대의 양상은 이권을 위해서는 싸움과 투쟁을 마다하지 않는 욕심 많은 인간의 악한 본성을 대변했습니다. 하지만 그간의 긴 역사에 훌륭한 군주들의 좋은 통치 사례가 있었으니 그 예법을 통해 국가를 경영하면 좋겠다는 희망을 품었습니다. 그리하여 난세를 이길 새로운 통치를 '예의 정치', 즉 '예치(禮治)'라고 명명하며 이를 추구해야 한다고 말했습니다. 예치는 공자께서도 주장한 덕치의 한 방편이었기 때문입니다.

"사람의 본성은 악하니 그것이 선해지는 까닭은 작위 때문이다. 지금 사람들의 본성은 나면서부터 이익을 좋아하는데 이것을 따르기에 쟁탈이 생기고 사양함이 없어진다. 나면서부터 질투하고 미워하는데 이것을 따르기에 남을 해치고 상하게 하며 충성과 믿음이 없어진다. 나면서부터 귀와 눈의 욕망이 있어 아름다운 소리와 빛깔을 좋아하는데 이것을 따르기에 음란이 생기고 예의와 아름다운 형식이 없어진다.

그러니 사람의 본성을 따르고 감정을 좇는다면 반드시 다투고 뺏으며, 분수를 어기고 이치를 어지럽혀 난폭함으로 귀결할 것이다. 그러므로 반드시 스승과 법도에 따른 교화와 예의의 교도가 있어야 하며, 그런 뒤에야 서로 사양하고 아름다운 형식을 가져 다스림으로 귀결할 것이다. 이로써 본다면 사람의 본성은 분명히 악하며 선한 것은 작위, 즉 노력의 결과일 뿐이다."

《순자》〈성악편〉 1장

순자가 성악설을 주장한 이유입니다. 순자는 인간의 본성은 악하지만 스승의 법도에 따른 교화, 예의의 교도를 통해 선해질 수 있다고 했습니다. 즉 악한 인간이 선해지기 위해서는 예의를 배워야 하고, 리더는 예의를 통해 백성을 통치해야 한다고 말한 것입니다.

본성에 따라
노력의 방법이 다르다

자식보다 손주가 더 예쁘다고들 합니다. 이 말을 들을 때마다 겸양의 인사말 정도로 생각했지만 막상 손자가 생기고 보니 허튼 말이 아니었습니다. 손자는 예뻐도 너무 예쁘고 귀여워도 너무 귀여워 보입니다. 자식을 키울 때보다 여유가 생겨서인지 아니면 내 손으로 직접 키우지 않아서인지는 모르겠지만 손자에게 느끼는 예쁨과 귀여움을 무어라 형용하기가 어렵습니다.

강보에 싸여 배냇짓을 하면서 생글생글 웃는 손자를 보면서 인간의 본성은 악하다고 한 순자를 의심해 봅니다. 반대로 서너 살이 되자 동생에게 수없이 질투하고 싸우고 욕심부리는 손자의 모습을 보노라면 인간의 본성이 선하다고 말한 맹자 또한 의심해 보기도 합니다.

나는 어떤 사람일까요? 선한 사람일까요, 악한 사람일까요?

어느 때는 선하고 어느 때는 악한 사람일까요? 나의 본성은 악한 쪽일까요, 선한 쪽일까요? 그런데 그 전에, 맹자나 순자는 왜 군주의 통치 방법을 제시하며 인간의 본성이 선하고 악한지를 논했을까요?

바로 인간 본성에 관한 논리가 조직이나 국가를 움직이는 리더들을 설득해 세상을 바꾸는 데 매우 중요한 변수였기 때문입니다. 정책과 전략을 수립하려면 이를 뒷받침할 그럴듯한 논리가 필요합니다. 즉 "사람의 본성이 선하기에 이렇게 시민들을 움직여야 합니다", "아닙니다. 사람의 본성은 원래 악하기에 다른 방법을 써야 합니다"라고 말할 논리가 필요했던 것입니다.

춘추 전국 시대 열국을 돌며 유세했던 공자와 맹자, 순자 같은 학자들은 위정자를 움직여야 관직을 얻을 수 있었기 때문에 본성에 관한 기본 이론을 더욱 중요하게 생각했습니다. 비록 좋은 관직을 얻지는 못했지만 말입니다.

무딘 쇠는
숫돌로 갈아야 날카로워진다

• 배움 •

배우거나 노력해서 되는 게 아닌 하늘에 달린 것을 천성이라 하고
배우거나 노력하면 이루어질 수 있는 것을 작위라 한다.

不可學 不可事而在天者 謂之性
可學而能 可事而成之在人者 謂之僞

불가학 불가사이재천자 위지성
가학이능 가사이성지재인자 위지위

〈성악편〉 3장

《순자》는 〈성악편〉에서 인간의 본성이 악하다는 것을 구체
적인 사례를 들어 증명하려 했습니다. 이를 하나하나 읽어 내
려가다 보면 인간의 본성이 악하다는 순자의 생각에 동조하게

됩니다. 그의 논리에 반대하고 싶어도 만만치 않습니다. 사람들이 예나 지금이나 순자의 논리에 매력을 느끼는 이유이지 않나 싶습니다.

사람은 반드시 배워야 한다

"굽은 나무는 반드시 도지개를 대고 쪄서 바로잡은 뒤에야 곧아지고, 무딘 쇠는 반드시 숫돌로 간 뒤에라야 날카로워지듯 사람의 악한 본성은 반드시 스승과 법도의 가르침을 받아야 다스려진다. 스승과 법제에 의해 교화되고 학문을 쌓으며 예의를 실천하는 사람을 군자라 하고, 본성과 감정을 멋대로 버려두고 멋대로 행동하는 데 안주하고 예의를 어기는 자를 소인이라고 한다. 이로써 본다면 사람의 본성은 분명히 악하나 선해지는 까닭은 작위 때문이다.

《순자》〈성악편〉 2장

"사람의 본성은 배고프면 배부르게 먹고자 하고 추우면 따뜻해지고자 하며, 수고로우면 쉬고자 하는데 이가 곧 사람의 감정과 본성이다. 그런데 배가 고파도 어른을 보면 감히 먼저 먹지 않는 이유는 사양하려는 마음이 있기 때문이다. 수고로우면서도 어른을 보면 감히 쉬려고 하지 않는 이유는 대신 일하려는 마음이 있기 때문이다.

이런 행위는 본성에 반대되고 감정에 어긋난다.

그러므로 본성을 따르면 곧 사양하지 않게 되며, 사양을 하면 감정
과 본성에 어긋난다. 이로써 본다면 사람의 본성은 분명히 악하나
그것이 선해지는 까닭은 작위 때문이다."

《순자》〈성악편〉 4장

"대체로 이익을 좋아하고 그것을 얻고자 바라는 게 사람의 감정이
요, 본성이다. 예를 들어 형제가 재물을 나누어 가질 때 감정과 본
성만 따른다면 이재(利財)를 좋아하고 얻기를 바라기에 형제간에도
성을 내며 다툴 것이다. 그러나 예의의 형식과 이치에 교화되었다
면 나라 안의 다른 사람에게라도 사양할 것이다.

그러므로 감정과 본성을 따르면 형제라도 다투고 예의와 교화를 받
으면 다른 사람에게라도 양보할 것이다. 사람이 선해지려고 하는
이유는 본성이 악하기 때문이다. 진실로 자기에게 없는 것을 반드
시 밖에서 구하려 하기 때문이다. 사람은 원래 예의를 알지 못하기
에 애써 배우려 한다. 이로써 사람의 본성은 악한 것이 분명하다."

《순자》〈성악편〉 6장

"지금 시험 삼아 군주의 권세를 없애고 예의를 통한 교화를 중지하
며, 법도에 근거한 다스림과 형벌로 금지하는 것을 없애고서 백성
이 어떻게 어울려 사는지를 보도록 하자. 강자는 약자를 해치며 그

들의 것을 빼앗을 것이고, 다수는 난폭하게 굴며 소수를 짓밟을 것이다. 얼마 기다릴 것도 없이 세상은 망할 것이다. 이로써 본다면 사람의 본성은 분명히 악하나 선해지는 까닭은 작위 때문이다."

《순자》〈성악편〉 7장

순자는 누구나 욕심꾸러기 악동으로 태어나지만 부모와 스승 및 주변 어른들의 교육을 통해 예의를 알고 선하게 바뀌어 사회의 바람직한 시민으로 성장한다고 말합니다. 제대로 교육을 받으면 선한 사람이 되지만 제대로 교육을 받았어도 하고 싶은 대로 하면 결국 악한 본성이 나타나 악인으로 남는다는 뜻입니다.

지금
어떻게 살고 있는가?

성악설을 주장한 순자는 공자와 맹자보다 더 현실적인 학자였습니다. 전국 시대의 처참한 현실을 나름 논리적으로 극복하기 위해 성악설을 기반으로 한 예치를 주장했습니다. 씨알도 먹히지 않는 인이나 의를 계속 주장하기보다는 확 뒤집고 다시 유학의 통치를 시작하는 방법으로 성악설을 들고 나왔습니다.

모두가 긍정하는 상황에서 혼자 부정하는 일에는 대단한 용기가 필요합니다. 모두가 부정하는데 혼자 긍정하는 상황에서도 마찬가지입니다. 모두가 할 수 없다고 하는데 혼자 할 수 있다 말하는 것은 쉽지 않습니다. 모두가 할 수 있다고 하는데 혼자 할 수 없다고 주장하는 것도 마찬가지입니다.

정통 유학자였던 순자는 끝까지 인과 덕에 의한 왕도 정치를 원했습니다. 하지만 이미 법과 원리 원리 원칙을 강조한 법가 사상을 내세운 진나라가 무력으로 세상의 패권을 잡았고, 유학적 통치의 차선으로라도 예치를 주장하지 않을 수 없었습니다. 그리하여 예치의 바탕으로 천론과 성악설을 말했습니다.

정신과 철학을 강조했던 이상주의자 맹자에 비해 순자의 주장은 객관적이고 현실적이었습니다. 맹자가 '어떻게 살아야 하는가?', '어떤 정치가 바람직한 정치인가?'를 주장했던 이상주의자라면, 순자는 '지금 어떻게 살고 있는가?', '현실의 입장에서 바람직한 정치를 하려면 어떻게 해야 하는가?'를 주장한 현실주의자였습니다.

제나라와 노나라, 진나라 사람은 왜 다른가?

• 차이 •

진나라 사람들은 본성과 감정에 따라 방자하고 거만하게 행동해 예의에 소홀했기 때문이지, 그들의 본성이 다를 리가 있겠는가?

以秦人之從情性 安恣睢 慢於禮義故也 豈其性異矣哉

이진인지종정성 안자휴 만어예의고야 기기성이의재

〈성악편〉 10장

　세상 사람의 본성은 모두 같습니다. 옛날 사람이나 지금 사람이나 아시아 사람이나 유럽 사람이나 다르지 않습니다. 정치하는 사람이나 경영하는 사람이나 농촌 사람이나 어촌 사람이나 다르지 않습니다. 남편이나 아내나 아들이나 딸이나 사위나 며느리나 친정어머니나 시어머니나 다르지 않습니다. 사장이나 상무나 부장이나 대리나 주임이나 사원이나 모두 다르지 않습니다. 순백의 천사라 부르는 나이팅게일이나 끔찍한 범죄를 저지른 살인자나 본성은 다르지 않습니다.

하늘 아래 같은 삶이 없는 이유

그렇지만 세상 모든 사람은 각자 다르게 살아갑니다. 옛날 사람과 지금 사람이 다르고 아시아 사람과 유럽 사람이 다릅니다. 정치하는 사람과 경영하는 사람이 다르고 농촌 사람과 어촌 사람이 다릅니다. 남편과 아내가 다르고 아들과 딸이 다릅니다. 사위와 며느리가 다르고 친정어머니와 시어머니가 다릅니다. 사장과 상무, 부장과 대리, 주임과 사원이 모두 다릅니다. 나이팅게일과 살인자 역시 다릅니다. 모두 본성은 다르지 않지만 각자 다른 삶을 살아갑니다.

"무릇 사람의 본성은 요임금이나 순임금, 걸왕과 도척이 모두 같다. 군자나 소인이나 본성은 한 가지다. 하늘이 제나라와 노나라 사람들에게만 사사로이 예의를 지키는 본성을 주고 진(秦)나라 사람들은 제쳐 놓은 것이 아니다. 진나라 사람들은 감정과 본성에 따라 멋대로 성나는 대로 행동해 예의에 소홀했기 때문이다.

어찌 그들의 본성이 다르겠는가? 작위가 쌓여 예의가 된 것을 가지고 사람의 본성이라 하겠는가? 걸왕과 도척 그리고 소인들을 천하게 여기는 것은 그들의 본성을 따르고 감정을 좇아서 멋대로 성내고 이익을 탐하고 다투고 빼앗기 때문이다."

《순자》〈성악편〉 9장

이렇듯 순자는 사람의 본성은 다르지 않은데도 왜 어떤 이는 악하고 어떤 이는 선해지는지를 작위를 통해 설명합니다. 사람들이 다른 삶을 사는 이유는 본성이 아닌 개개인이 배우고 노력해서 만든 '작위' 때문이라는 것입니다.

순자는 사람이 가진 것 중 본성은 하늘로부터 타고났다고 생각했습니다. 배우거나 노력해서 가질 수 있는 성질이 아니라는 것입니다. 예를 들면 보고 듣고 냄새를 맡고 추위와 더위를 느끼는 능력입니다. 반대로 사람이 가진 것 중 배우면 가능하고 노력하면 이루어지는 능력을 작위라 칭했습니다. 작위는 순자만의 독특한 개념입니다. 인간은 누구나 배울 수 있고, 제대로만 배우면 배운 대로 살아갈 수 있는 존재이기 때문입니다.

하늘이 진나라 사람들을 제쳐 두고 제나라와 노나라 사람들에게만 사사로이 예의를 지키는 본성을 준 것이 아닙니다. 진나라 사람들이 제나라와 노나라 사람들만큼 부자간의 도리나 부부간의 분별에 효성스럽지 못하고, 공손하지 못하며, 공경하지 못하거나 예의를 다하지 못한 것은 감정과 본성에 따라 멋대로, 성나는 대로 행동했기 때문입니다. 본성이 달라서가 아니라 배움이 다르고 실천이 달랐기 때문입니다.

성인이 될 수는 있어도 반드시 되지는 않는다

배운 대로 노력하면서 살아가면 좋을 텐데 사람들은 왜 이를 실천하지 못할까요? 배워도 변하지 않고 노력해도 사람의 본성은 바뀌지 않는다는 믿음을 가지고 있어서일까요? 또 배운 대로 노력한 대로 살아가면 세상에는 악한 사람이 없거나 적어야 하는데 현실은 그렇지 않습니다. 순자는 그 이유를 이렇게 설명합니다.

"성인은 선이 쌓여 이루는 경지라 했는데, 모든 사람이 선을 쌓을 수 없는 까닭은 무엇인가? 그렇게 할 수는 있지만 억지로 하게 할 수는 없기 때문이다. 길거리의 누구나 우임금 같은 성인이 될 수는 있으나 반드시 그렇게 되지는 않는다. 될 수 있다고 해서 반드시 되지는 않는다. 비록 되지 못한다 하더라도 그것이 될 수 있다는 상태에 상관하지는 않는다. 그러므로 되고 안 되는 것과 될 수 있고 될 수 없는 것의 차이는 크다. 모두 상대방처럼 되지 못하는 것은 분명한 일이다."

《순자》〈성악편〉 12장

위인의 전기나 크게 성공한 사람들의 이야기를 듣고 비범해지는 사람이 있는 한편 아무리 책을 많이 읽고 감명을 받아도 전혀 변화하지 않는 사람이 있습니다. 많은 직장인이 피곤한 일상을 보내면서 하루하루를 버텨 내지만 그중 누군가는 성공을 일구고 누군가는 후회하는 일상을 반복합니다. 어떤 사람은 퇴직 후에 더 멋진 삶을 만들지만 어떤 사람은 퇴직 후에 더 후진 삶에 끌려갑니다. 그것은 순자의 지적처럼 '그렇게 될 수는 있으나, 그렇게 되도록 할 수는 없기' 때문입니다.

길거리의 사람이 모두 우임금 같은 성인이 될 수는 있으나 반드시 그렇게 되지는 않습니다. 모든 사람이 CEO가 될 수는 있으나 반드시 그렇게 되는 것도 아닙니다. 사람들이 모두 대학 교수가 될 수는 있으나, 반드시 그렇게 되는 것은 아닙니다. 모든 사람이 인생 후반에 아름다운 전원에 그림 같은 집을 짓고 석양을 바라보면서 영화처럼 살 수는 있으나 반드시 그렇게 되는 것도 아닙니다.

순자가 "그렇게 될 수는 있으나 그렇게 되도록 할 수는 없다"라고 말한 이유는 너무나 분명합니다. 배우고 노력하면 누구나 무엇이든 될 수 있지만 강제로 배우고 노력하게 할 수는 없다는 뜻입니다. 그러므로 되고 안 되는 것과 될 수 있고 될 수 없는 것은 다른 차원의 말이라는 것입니다. 세상 사람 모두가 그렇게 되지는 않지만 그렇다고 나도 그렇게 될 수 없다는 말은 아닙니다. 될 수 있다고 생각하고 노력하는 사람만이 되기에 세상 사람 모두가 되지는 않는다는 뜻입니다.

성군을 따르면 명군이 된다

"너는 할 수 있어! 너는 그만한 자질을 이미 가지고 있다고! 자신을 믿고 해 봐!"라는 말대로만 되면 누가 작심삼일을 걱정하겠습니까? 이렇게만 되면 누가 성적을 걱정하고 졸업을 걱정하고 취업을 걱정하겠습니까? 이렇게만 되면 누가 인생 후반을 걱정하고 돈과 건강을 걱정하겠습니까? 가지고 태어난 능력과 자질을 잘 활용하고 이용해서 원하는 삶을 살 수 있으면 자연스럽고 좋겠지만 그게 참 어렵습니다.

맹자가 그렇게 역설했지만 전국 시대를 되돌리지는 못했습니다. 인간의 선한 양지를 믿으라 그토록 설파했지만 세상은 점점 더 극악무도해졌습니다. 전국 시대는 자신의 이권을 위해 싸움과 투쟁을 마다하지 않은 인간의 타고난 욕심을 치열하게 보여 준 시기였습니다. 즉 인간은 선하기보다 악한 존재였습니다. 하지만 순자는 그간 훌륭한 군주들의 좋은 통치 사례가 있었고, 그 예법을 통해 국가를 경영하면 좋겠다는 희망을 가지고 예치를 주장했습니다.

조선 시대에도 수십 명의 왕이 국가를 통치했습니다. 연산군 같은 폭군도 있었고 허울뿐인 군주도 많았습니다. 하지만 세종이나 정조 같은 성군들도 있었습니다. 순자는 말합니다. 성군들의 훌륭한 통치 기술을 후대 군주들이 성실히 따른다면 그것보다 좋은 정치는 없다고 말입니다. 그것이 바로 예치입니다.

순자는 혼란의 시대에서 누구보다 공자의 사상을 계승하려 노력한 유학자입니다. 인간의 본성은 선하기에 그 선한 마음을 따른다면 그 어떤 군주도 요순 같은 명군이 될 수 있다는 맹자의 주장은 현실과 달랐습니다. 현실적인 유학적 통치가 필요하다고 생각한 순자는 공자의 덕치를 담은 예치를 주장했고, 이를 위해 성악설을 말했습니다.

> "그러므로 반드시 스승과 법도에 따른 교화와 예의의 교도가 있어야 하며, 그런 뒤에야 서로 사양하고 아름다운 형식을 갖추어 다스림으로 귀결할 것이다. 이로써 본다면 사람의 본성은 분명히 악하며 선한 것은 작위, 즉 노력의 결과일 뿐이다."
>
> 《순자》〈성악편〉1장

순자는 15가지의 사례를 들어 사람의 본성을 선이 아닌 악으로 정의했습니다. 비록 악한 본성을 가지고 있어도 교육으로 선왕의 가르침을 따르면 다시 선해질 수 있다는 논리였습니다. 그 선왕의 가르침이 바로 예라는 것이었습니다. 훌륭한 정치로 평화로운 시대를 열었던 훌륭한 선왕들의 각종 제도와 가르침이 바탕이 된 예치를 해야 한다고 주장했습니다.

사람은 욕망이
충족되어야 발전한다

• 예치 •

예는 어떤 상황에서 생겨났는가?
욕망이 결코 물자로 인해 공경에 빠지는 일이 없도록 하고, 물자 역
시 욕망으로 부족해지는 일이 없도록 양자가 서로 균형 있게 발전하
게 했는데, 이것이 예가 생겨난 이유다.
그러므로 예란 사람들의 욕망을 충족해 주는 것이다.

禮起於何也
使欲必不窮乎物 物必不屈於欲 兩者相持而長 是禮之所起也
故禮者 養也

예기어하야
사욕필불궁호물 물필불굴어욕 양자상지이장 시예지소기야
고예자 양야

〈예론편〉 1장

일찍이 공자께서는 정치에 대해 이렇게 말했습니다.

"법령으로 이끌고 형벌로 다스리면 백성은 형벌을 면하기만 할 뿐 부끄러움을 모르게 되지만, 덕으로 이끌고 예로써 다스리면 백성이 부끄러움을 알뿐만 아니라 감격할 것이다."

《논어》〈위정편〉 3장

위정자가 모범을 보이며 적절한 예치로 백성을 다스리는 덕치가 법이라는 건조한 잣대와 가혹한 형벌만 가지고 다스리는 것보다 근원적인 다스림이라는 말입니다. 순자가 주장한 예의 정치는 공자의 정치사상과 다르지 않았습니다.

예란 사람의 욕망을 채워 주는 것이다

잘못하고도 부끄러움을 알지 못한다면 그 사람은 금수와 다를 바가 없습니다. 잘못하고도 부끄러워하지 못한다면 같은 실수를 반복하기 마련입니다. 법과 형벌이 몸을 구속할 수는 있어도 마음을 움직이지는 못하기 때문입니다. 덕으로 이끌고 예로써 다스리면 백성은 부끄러움을 알 뿐만 아니라 감동까지 해 다시는 그런 잘못을 하지 않을 것입니다.

사자나 호랑이보다 힘이 약한 사람이 맹수를 누르고 세상의 주인 노릇을 할 수 있는 이유는 한데 모이기 때문입니다. 순자는 사람이 모이면 안전과 발전을 도모할 수 있지만 분산되면 고통받고 불행해진다고 말합니다. 사람이 모여 살 때는 질서가 유지되어야 생활과 문화가 발전할 수 있습니다. 따라서 사회에는 일정한 격식과 제도가 필요한데 이를 예라고 합니다.

이익을 좋아하고 얻기를 바라는 것은 사람의 감정이요 본성입니다. 재물을 나누어 가져야 하는 형제가 감정과 본성만 따른다면 서로 더 많이 가지기 위해 성내며 다툴 것입니다. 사람은 누구나 욕심을 가지고 있고 이익을 좋아하기에 그냥 두면 싸움이 일어나 사회는 혼란에 빠집니다. 사람의 이기적인 욕망을 조절하고 화합하기 위한 기본적인 통제 수단이 필요한데, 이 또한 예라고 합니다.

순자는 조선의 세종과 영조 같은 성군들이 행한 예의 정치를 통해 조화로운 사회와 국가를 구현할 수 있다고 생각했습니다. 패권을 쟁취하기 위한 권모술수와 전쟁으로 점철된 전국 시대를 유가의 덕치와 예치로 극복하려 한 진정한 유학자였습니다.

"예는 어떤 상황에서 생겨났는가? 사람은 나면서부터 바라는 것이 있는데, 바라는 것을 얻지 못하면 곧 추구하지 않을 수 없고, 구함에 일정한 기준과 한계가 없다면 반드시 다투게 된다. 쟁탈이 일어

나면 혼란이 있고 혼란이 있으면 곤경에 빠진다.

옛 임금께서는 이 혼란을 싫어했기 때문에 예의를 제정해 사람들의 등급과 한계를 구분하고 사람들의 욕망을 충족시켰으며 사람들이 원하는 것을 공급했다. 그리하여 욕망이 결코 물자로 인해 곤경에 빠지는 일이 없도록 하고 물자가 결코 욕망으로 인해 부족해지지 않게 해 양자가 서로 균형 있게 발전하도록 안배했는데, 이것이 예가 생겨난 이유다. 그러므로 예란 사람들의 욕망을 충족해 주는 것이다."

《순자》〈예론편〉 1장

최초의 통일 왕조는 왜 허망하게 무너졌는가?

원래 진(秦)나라는 기원전 10세기부터 주나라 서쪽 지역의 방위를 담당하며 제후국으로 승격된 나라였습니다. 진나라가 천하 통일을 이루도록 초석을 다진 사람은 바로 법 사상가인 상앙이었습니다. 맹자보다 20년 정도 앞서 위(衛)나라에서 태어난 상앙은 진시황이 태어나기 100여 년 전인 기원전 4세기경에 진나라에 기용되었습니다. 상앙의 변법, 즉 법가 사상을 바탕으로 부국강병을 꾀한 제도의 개혁은 진나라를 강대국으로 만들었습니다.

결국 진나라는 기원전 221년, 주나라 및 육국(六國)을 멸망시키고 중국 최초의 통일 국가가 되었습니다.

순자는 진나라와 인연이 적지 않습니다. 춘추 시대에 이어 등장한 전국 시대는 일곱 개의 패권국 중 하나였던 진나라가 나머지 여섯 제후국인 한(韓), 위(魏), 조, 초, 제, 연을 피비린내 나는 전쟁으로 천하를 통일해 가는 시대였습니다. 천하는 전쟁의 연속이었고 국가 권력의 경영 수단은 법과 형(刑)이 되었습니다. 이러한 상황에서 정통 유학자였던 순자는 예를 통해 유가의 덕치 이념을 끝까지 지켜 내려 했습니다. 그리하여 예치의 효용을 체계적이고 논리적으로 주장했습니다. 그의 정치 이념은 매우 현실적이고 치밀하고 논리적이고 상세했지만 그의 사상을 채택해 주는 군주는 없었습니다.

순자가 처음으로 진나라를 방문한 때는 오십을 목전에 둔 마흔아홉 무렵으로, 진시황이 태어나기 5~6년 전이었습니다. 당시 순자는 점점 강대국이 되어 가는 진나라에 등용되기를 원해 진나라 소왕과 재상 범저를 만났습니다. 관직을 얻으려 범저를 설득했지만 뜻을 이루지 못했고, 이듬해 진나라를 떠나 제나라로 방향을 바꾸었습니다.

후에 순자의 제자인 이사와 한비자가 다시 진나라와 연을 맺지만 순자와 진나라와의 인연은 여기까지였습니다. 역사에 가정은 없지만, 만약 순자가 진나라에서 관직을 얻고 예치를 통해 유가의 덕치 이념을 끝까지 지켰다면 아마 진나라가 개국 15년 만에 허망하게 역사 속으로 사라지지는 않았으리라 예상합니다. 더 나아가 진나라에 이어 등장한 통일 국가인 한(漢)나라의 400년 역사가 아마 진나라 역사가 될 수도 있었으리라는 상상을 해 봅니다.

숲속의 난초는
누가 보지 않아도 향기를 낸다

• 변화 •

공자께서 말씀하셨다.
"처지가 곤궁해 보지 않았던 사람은 생각이 원대할 수 없고, 방랑의
괴로움을 겪지 않은 사람은 뜻이 광대할 수가 없다."

孔子曰
居不隱者思不遠 身不佚者志不廣

공자왈
거불은자사불원 신불일자지불광

〈유좌편〉 8장

《순자》에는 공자의 가르침이 자주 등장합니다. 공자가 천하
를 주유할 때 진(陳)나라와 채나라 사이에서 일주일이나 익힌
음식을 먹지 못하고 굶주림과 추위로 큰 고생을 했다는 재진절

량(在陳絶糧)의 고사도 자세히 기록되어 있습니다.

성격 급한 제자 자로가 공자에게 물었습니다.

"도대체 우리가 무엇을 잘못했기에 이렇게 곤궁한 상태에 빠졌는지 모르겠습니다. 선생님께서는 덕을 쌓고 의로운 일을 많이 해 오셨는데도 어찌하여 이런 궁한 상태가 지속되는 것입니까? 군자도 이렇게 궁할 때가 있습니까?"

공자께서 자로에게 말씀하셨습니다.

"지혜 있는 사람이라고 해서, 올바른 사람이라고 해서 반드시 임용되지는 않는다. 현명하고 못 하고는 사람의 자질에 관한 일이지만 임용되고 아니고는 때의 문제이기 때문이다. 널리 공부하고 깊이 생각하면서도 적절한 때를 만나지 못해 뜻을 접었던 군자가 한두 명이 아니다.

깊은 숲속에서 자라는 난초는 보는 사람이 없어도 향기를 멈추지 않는다. 마찬가지로 군자가 학문을 하는 이유는 꼭 출세 때문이 아니다. 그러므로 군자는 곤궁해져도 괴로워하지 않고 걱정스러운 일이 생겨도 뜻이 약해지지 않는 것이다.

비록 현명하다 해도 때를 만나지 못하면 뜻을 실천하기가 어렵지만, 때를 만난다면 뜻을 펼치는 일에 무슨 어려움이 있겠느냐? 그러니 군자는 널리 공부하고 행실을 단정히 하면서 때를 기다린다.

옛날 진(晉)나라 문공은 망명 중에 조나라에서 패자가 되려는 마음을 품었다. 월왕구천은 회계에서 치욕을 당하면서 패자가 되려는 마음을 품었다. 제나라 환공은 거나라에 망명하면서 패자가 되려는 마음을 품었다.

그러므로 처지가 곤궁해 보지 않았던 사람은 생각이 원대할 수 없고, 방랑의 괴로움을 겪지 않은 사람은 뜻이 광대할 수가 없다. 너는 내가 처참하고 어려운 처지라 하더라도 얻는 것이 없으리라고 어찌 알 수가 있겠느냐?"

그러면서 공자께서 한마디 더 했습니다.

"한겨울이 되어서야 소나무와 잣나무가 늦게 시든다는 것을 안다."

《순자》〈유좌편〉 8장

공자의 말처럼 어려움을 버티고 이겨 내는 한겨울의 소나무와 잣나무 같은 사람이 진정한 리더가 아닐까요? 널리 공부하고 행실을 단정히 하면서 때를 기다리는 사람이야말로 송백 같은 군자가 아닐까요? 위기에 넘어지지 않고 꿋꿋하게 버티고 이겨 내는 사람이야말로 리더가 아닐까요?

세상이 알아주지 않아도 예치를 외치다

기록에 남은 순자의 삶은 간결합니다. 40대 후반에 관직을 구하기 위해 진나라를 방문했으나 실패하고, 제나라로 들어가 직하학사에서 10년을 보낸 뒤 60대부터 죽을 때까지는 초나라에서 관직을 지냈습니다. 하지만 순자의 학문과 이론은 그리 간단하지 않습니다.

춘추 시대 공자는 사랑을 기반으로 인(仁)이라는 인간의 기본적인 윤리가 통용되는 사회를 바랐습니다. 전국 시대 중반에 활동한 맹자는 의(義)에 죽고 의에 사는, 정의가 실현되는 사회를 꿈꾸며 평생을 열정적으로 유세했지만 세상은 점점 더 포악하고 극악무도한 전쟁 속으로 빠져들었습니다. 그럼에도 맹자는 하늘을 닮은 인간의 본성은 원래 선하기에 그 자연스러운 마음을 따른다면 못난 군주도 요순 같은 명군이 될 수 있다는 희망을 버리지 않았습니다.

순자가 보기에 맹자를 따르기에는 시대가 너무 멀리 달아나고 있었습니다. 극렬한 전쟁의 도가니에서 순진하게 성선설을 설파하는 것은 의미가 없다고 생각했습니다. 씨알도 먹히지 않는 인이나 의를 계속 주장하기보다는 기존의 이론을 뒤집고 현실에 부합하는 유학을 다시 시작하려 했습니다. 그리하여 공자의 덕치를 실현할 수 있는 예치를 주장하며 성악설을 들고 나왔습니다.

순자는 이렇게라도 공자의 유학을 이용해 세상을 구하고자 했습니다. 현실을 인정하면서도 백성을 위한 바른 정치의 길을 찾아내려 했습니다. 순자 역시 유학자였기에 공자처럼 덕으로 이끌고 예로 다스리는 정치적 희망을 버릴 수 없었기 때문입니다. 비록 덕의 정치를 펼 수 있는 상황은 아니었지만 법치만은 피하려 했습니다. 그래서 순자는 '위정자가 앞에서 모범을 보이며 적절한 예치로써 백성을 다스리는 것이 낫다'는 예치를 말했습니다. 법이라는 건조한 잣대와 가혹한 형벌만으로 다스리는 것보다 근본적인 다스림이라는 공자의 덕치를 말했습니다.

공자가 가장 중요하게 생각했던 덕은 인, 의, 예(禮), 지(智), 신(信), 자(慈), 우(友), 공(恭), 효(孝), 용(勇) 모두를 포함합니다. 공자의 가르침은 크게 덕을 높이는 내면의 정신과 예를 존중하는 외면의 행동으로 구분할 수 있습니다. 공자는 내면과 외면이 잘 어우러져야 비로소 군자답다고 말했습니다. 맹자는 인에 기반한 의에 집중했고, 순자는 인에 기반한 예에 집중했습니다. 먼저 맹자가 철학적으로 공자의 도를 밝히고, 순자가 현실적으로 공자의 도를 일으켜 세운 것입니다.

그런데 유학자들은 한(漢)나라와 당나라를 거치며 성선설을 주장한 맹자를 유학의 주인처럼 존경했고, 성악설을 주장한 순자는 아류로 취급하며 점점 잊었습니다. 당나라 유학자 한유는 순자의 글을 가리켜 대체로 양호하나 흠이 있다고 평했고, 송나라 유학자들은 본격적으로 순자를 비난했습니다. 이유는 단하나, 인간의 본성을 악하다고 말했기 때문이었습니다.

인생의 전국 시대에서
균형을 잡아 주는 순자

순자는 성악설을 바탕으로 성왕의 법도와 교화, 예의에 따른 예치를 주장했습니다. 한번 상상해 봅니다.

'만약 지금 경찰과 검찰의 기능을 모두 없애고, 모든 교양 교육을 중지하며, 잘못해도 벌하지 않고 양심에만 맡긴다면 세상이 지금처럼 순조롭게 잘 돌아갈까?'

답은 '아니다'일 것입니다. 강한 자는 약한 자를 해치며 그들의 것을 빼앗고 난폭하게 굴면서 짓밟을 것입니다. 세상은 바로 생지옥이 될 것입니다. 이는 곧 욕망의 동물인 인간에게는 적절한 조절 수단이 필요하다는 뜻입니다.

동물도 모여 살 수는 있지만 의로움을 가지고 화합해 조화롭게 살 수 없기에 아무리 힘이 좋은 호랑이라 하더라도 협력하는 인간에게 굴복당하는 것입니다. 우리 사회가 제대로 유지되는 것은 사람들이 의로움을 알기 때문입니다. 순자가 말한 예의란 이 의로움을 바탕으로 한 사회적인 분별과 규범입니다. 욕망이라는 사람들의 악한 본성을 그대로 두면 서로 충돌해 혼란이 일어나니 이를 막기 위해 예의를 제정한 것입니다.

즉 예의는 개인의 욕망을 억누르면서 역으로 사람들의 욕망을 충족하고 원하는 것을 공급해 이 두 가지가 균형 있게 발전하도록 만듭니다. 순자가 예의를 강조한 이유는 사람들이 사회

생활을 하면서 자신의 위치에 맞게 일하고 행동하면서, 경제적 활동을 하고 통일 시대의 조화 속에서 평화롭게 살도록 하기 위해서였습니다.

영예를 얻을 것인가
치욕을 얻을 것인가?

· 순자 ·

청렴을 외치면서 더욱 더러워지는 것은 입으로만 떠들기 때문이다.

淸之而兪濁者 口也

청지이유탁자 구야

〈영욕편〉 2장

영예를 얻고 치욕을 당하는 일은 크게 다르지 않습니다. 《순자》는 〈영욕편〉에서 잘하는 일처럼 보이지만 좋지 않은 결과를 가져오는 몇 가지 사례를 말합니다. 이것은 모두 소인이 추구하는 행위이고 군자는 행하지 않는 일이라 했습니다.

리더가 피해야 할
10가지 행동

첫째는 노(怒)로, 노여움입니다. 한순간의 분노를 조절하지 못해 한평생 쌓아 올린 공적을 잃는 사람이 적지 않습니다. 자기감정에 따라 제멋대로 거침없이 살다가 한순간에 망하거나 죽음에 이르는 원인은 노여움과 분노 때문입니다. 분노 조절을 잘해야 합니다. 군자나 리더는 분노를 행하지 않습니다.

둘째는 기(忮)로, 남을 시샘하는 마음입니다. 여러 가지를 잘 살피더라도 다른 사람에게 상해를 당하거나 상처를 입는다면 그것은 시샘하는 마음, 질투가 있기 때문입니다.

셋째는 자(訾)로, 헐뜯는 것입니다. 언변이 좋고 박식하면서도 궁지에 몰리거나 곤경에 처하는 것은 남을 헐뜯거나 비방하기를 좋아하기 때문입니다.

넷째는 구(口)로, 입으로만 말하는 것입니다. 청렴을 외치면서도 더욱 혼탁해지는 것은 입으로만 청렴을 말하기 때문입니다. 말로는 청렴을 외치지만 행동이 그 말을 따르지 못하는 이유는 몸과 말이 다르기 때문입니다. 그저 말만 잘한다고 모두가 그 말을 따라 행동하지는 않습니다.

다섯째는 교(交)로, 잘못된 교류를 하는 것입니다. 이익으로 사귀는 자는 이익이 끊어지면 관계도 끊어집니다. 상대방을 잘 대접해 주는데도 우정에 자꾸 금이 가는 이유는 교제가 바르지 않기 때문이며, 잘되려 하는데도 더욱 형편없어지는 이유는 사람을 잘못 사귀었기 때문입니다.

여섯째는 쟁(爭)으로, 다투는 것입니다. 언변이 좋은데도 남을 설득하지 못하는 것은 자기 의견을 고집하기 때문이며, 남과 다투기를 좋아해 간곡하게 남을 이해시키지 못하기 때문입니다.

일곱째는 승(勝)으로, 이기는 것입니다. 인품이 정직하고 언행이 곧아도 사람들이 알아주지 않는 것은 남보다 앞서려 하고 이기려 하는 마음이 있기 때문입니다.

여덟째는 궤(毈)로, 남에게 상처를 주는 것입니다. 품행이 올바르고 청렴한데도 남들이 존귀하게 여기지 않는 이유는 사람에게 상처를 주기 때문입니다.

아홉째는 탐(貪)으로, 탐욕을 부리는 것입니다. 용감한데도 남들이 두려워하지 않는 이유는 탐욕스럽기 때문입니다. 이익을 탐하면 너저분하게 남에게 요구하기 때문에 비록 용맹하더라도 남들이 두려워하지 않는 것입니다.

마지막은 전행(剸行)으로, 자기 멋대로 행동하는 것입니다. 신의가 있으면서도 남에게 존경받지 못하는 이유는 자기 멋대로 독단적으로 행동하기 때문입니다.

그러니 리더라면 마음의 노여움과 분노를 잘 조절해야 지금까지의 공과 명성을 잘 유지할 수 있으며, 시샘하거나 질투하는 마음을 잘 조절해야 해를 당하지 않습니다. 아무리 언변이 뛰어나도 다른 사람을 비방하면 궁지에 몰리고, 아무리 입으로 거창하게 외쳐도 행동이 이를 따르지 못한다면 모두 허사가 됩니다. 이익으로 친구를 사귀면 오래가지 못하고, 아무리 간곡해도 다투기를 좋아하면 남을 설득하지 못하며, 이기려는 마음이 앞선다면 아무리 정직해도 다른 사람을 이해시킬 수 없습니다. 남에게 상처를 주면 남들이 존귀하게 대하지 않으며, 이익을 탐하면 아무리 용감해도 남들이 두려워하지 않고, 자기 멋대로 행동하면 다른 사람들의 존경을 받을 수 없습니다.

순자와 진나라의 인연

춘추 시대는 기원전 770년부터 기원전 403년까지입니다. 공자는 이 시대 후반기를 살았습니다. 전국 시대는 기원전 403년부터 진시황이 통일을 완성한 기원전 220년까지입니다. 맹자는 전국 시대 중기에, 순자는 전국 시대 말기에 주로 활동했습니다.

순자는 맹자, 진시황, 한비자, 이사와 연관이 있습니다. 맹자는 83세에 세상을 떠났는데 이때 순자는 20대 중반의 청년이었습니다. 조나라 출신인 순자가 당시에 노나라의 맹자를 만났는지는 불분명하지만, 맹자는 순자를 몰랐을지 몰라도 순자는 맹자를 알고 있었습니다.

한비자와 이사는 순자의 직계 제자들로, 순자가 제나라를 떠나 초나라 춘신군의 초청을 받아 난릉의 수령으로 있을 때 순자의 문하로 들어왔습니다. 20대 후반의 한(韓)나라 왕족이었던 한비자와 30대 초반의 초나라 출신 하급 관리였던 이사는 제나라 최고의 학문 기관에서 최고 책임자를 세 번이나 역임한, 당대 최고의 지식인이었던 60대 초반의 스승 순자를 모시며 함께 공부했습니다.

이후 이사는 큰 뜻을 품고 강대국으로 부상한 진나라로 건너가 당시 어린 진시황을 대신해 섭정하던 재상 여불위에게 인정받고 국정에 참여합니다. 그리고 진시황이 자라 여불위를 밀어내고 친정을 펼칠 때 재상이 되어 평생을 진시황과 함께했습니다. 20대 초반의 진시황과 40대 중반의 재상 이사가 진나라를 맡아 통일을 위해 마지막 총력전을 준비할 때, 순자는 70대 중반의 나이로 초나라에서 인생의 마지막을 맞이했습니다.

진시황 27세쯤 50대 초반의 이사는 한나라에 있던 한비자를 진나라로 초청했습니다. 이미 한비자의 명성을 알았던 진시황이 한비자를 불러들인 것입니다. 진시황은 한비자의 법가 사상을 높이 칭송했습니다. 위기감을 느낀 이사는 결국 한때 동문

수학했던 벗을 죽이는데, 이때 한비자의 나이는 47세였습니다. 진시황은 한비자의 죽음을 몹시 안타까워했지만 이사의 세 치 혀 놀림에는 어쩔 수가 없었습니다.

진시황 22세 때 초나라에서 순자가 죽고, 27세 때 진나라에서 한비자가 죽었습니다. 이사와 함께 20세부터 10년을 준비한 진시황은 30세가 되던 해에 육국 중 가장 약했던 한나라를 정벌합니다. 35세에는 위(魏)나라, 37세에는 초나라, 38세에는 조나라와 연나라, 39세에는 마지막 제나라를 정복해 마흔에 중국 최초의 통일 국가인 진나라의 시황제가 되었습니다. 이때 이사의 나이는 64세였습니다.

진시황은 10대 초반에 왕이 되어 숨죽여 지냈습니다. 20세부터 10년간 치밀하게 준비해 30세부터 10년간 육국을 통합하는 전승의 결과를 거두었고, 40세에 황제로 등극해 천하를 통치하다 50세에 생을 마감했습니다. 드라마 같은 삶을 살다 간 진시황의 10대부터 50세까지의 삶을 같이한 순자의 제자 이사는 진시황 사후 2년을 더 살다 76세에 숨을 거두었습니다.

삶이 순조로울 때는《논어》를, 변화해야 할 때는《순자》를

평화로웠던 250년간의 서주 시대, 변혁을 거듭한 370년간의 춘추 시대, 격난이 일었던 180년간의 전국 시대, 15년간의 짧았던 진나라 통일기, 200년간의 안정된 통일 국가 전한 시대의 역사가 기원전 1,000년간의 중국사입니다. 그런데 통일과 분열을 반복한 이 시기의 역사는 인간의 100년 인생과 묘하게 같은 부분이 있습니다.

사람은 25세까지 부모의 지원과 학교라는 안정된 시스템의 조화 속에서 인생 1라운드를 준비하는데, 이는 서주 시대와 견줄 수 있습니다. 2라운드인 25세에서 55세까지의 30여 년은 춘추 시대에 버금가는 변화와 혼란과 도전의 시간입니다. 잠시 쉴 겨를도 없이 인생의 하프타임을 보내면 55세에서 75세까지의 인생 3라운드가 기다립니다. 춘추 시대가 끝나고 더 치열한 인생의 전국 시대로 들어가는 것이지요.

혹여 인생 2라운드가 마음에 들지 않았어도 괜찮습니다. 기회는 인생 3라운드에 다시 한 번 주어집니다. 하지만 이때는 경제, 심리, 사회적으로 가장 치열하게 살아야만 하는 인생의 전국 시대일지도 모릅니다. 더 나은 삶, 더 가치 있는 인생을 위한 갈등과 도전이 기다리는 전국 시대일지도 모릅니다. 75세 이후로 시작되는 인생 4라운드가 15년의 진나라처럼 바로 지고 말 것인가, 수백 년을 호령한 중국 최고의 고대 국가 한(漢)나라처럼 안정될 것인가는 인생 3라운드에 달려 있습니다.

인간의 본성은 누구나 서로 비슷하다고 말한 공자, 천명이 곧 인간의 본성이라는 자사, 성선설을 주장한 맹자, 성악설을 주장한 순자가 바로 춘추 전국 시대를 관통한 현인들이었습니다. 75세쯤 되었을 때, 안정적이었던 한나라처럼 우리의 인생도 수렴되었으면 좋겠습니다.

《논어》가 인간이 가져야 할 기본을 말한다면 《순자》는 예리하게 파고드는 전략을 말합니다. 리더들은 나라가 안정된 시기에는 《논어》를 비롯한 유학을, 전국 시대처럼 전쟁이나 패권 시기에는 《순자》나 《한비자》의 법가 사상을 국정의 기반 철학으로 삼았습니다. 《논어》와 《맹자》가 이상적인 세상을 말한다면 《순자》는 현실을 말하기 때문입니다. 평화로운 시기에는 이상을 말하는 것이 자연스럽지만 격변의 시대에는 현실을 극복할 수 있는 현실적인 철학과 대안이 더 필요하기 때문입니다.

삶이 순조로운 시기에는 《논어》나 《맹자》를 읽어 보는 것이 좋습니다. 그러나 전국 시대처럼 변화와 도전이 필요한 시기에는 《순자》를 읽어 보는 것이 더 좋습니다. 2,000년도 더 된 그 옛날 현인들의 이야기가 오늘도 반복되기 때문입니다.

2장

새롭게
시작할 준비가
되었는가?

용기를 주는 순자의 가르침

쉬는 것은
어려운 일이다

· 공부 ·

자공이 말했다.
"위대하도다. 죽음이여, 군자도 쉬게 되고 소인도 쉬게 되는구나."

子貢曰
大哉 死乎 君子息焉 小人休焉

자공왈
대재 사호 군자식언 소인휴언

〈대략편〉 59장

누구나 쉬고 싶을 때가 있습니다. 수험생이나 취업을 준비하는 사람들은 더 말할 필요도 없겠지만 아무리 좋은 회사를 다니는 직장인이라고 해도, 아무리 안정적인 공조직에서 근무하는 공무원이라고 해도 그렇습니다. 어떤 곳에서 무슨 일을 하든 사정은 크게 다르지 않습니다. 재미없는 일을 할 때는 더욱 그렇습니다. 재미없는 일을 오랫동안 하면 더더욱 그렇습니다. 공부도 업무도 사업도 인생도 마찬가지입니다.

안타깝게도 우리의 삶은 그 안에서 만들어집니다. 재미가 없어도 꾸준히 해야 무엇이든 생겨나고, 그것들로 인생이 채워지기 때문입니다. 그런데 아주 나중에 지난 삶을 되돌아보면 참으로 아이러니하게도 그토록 쉬고 싶었던 시간, 여러 가지 사정으로 쉼 없이 달려야만 했던 그 시간이 너무 기특하고 아름답게까지 느껴집니다.

공자에게
쉴 곳을 물은 자공

자공이 공자에게 물었다.

"스승님, 저는 배움에 지쳤습니다. 그만 쉬면서 임금이나 섬기고 싶습니다."

이에 공자께서 말씀하셨다.

"임금을 섬기는 것은 어려운 일인데, 임금을 섬기면서 어떻게 쉴 수 있다는 말이냐?"

그러자 자공이 말했다.

"그렇다면 저는 쉬면서 부모님이나 섬기고 싶습니다."

이에 공자께서 말씀하셨다.

"부모를 섬기는 것은 어려운 일인데, 부모를 섬기면서 어떻게 쉴 수 있다는 말이냐?"

그러자 자공이 말했다.

"그렇다면 저는 쉬면서 처자와 함께 지내고 싶습니다."

이에 공자께서 말씀하셨다.

"처자와 함께 지내는 것은 어려운 일인데, 처자와 함께 지내면서 어떻게 쉴 수 있다는 말이냐?"

그러자 자공이 말했다.

"그렇다면 저는 쉬면서 친구와 함께 지내고 싶습니다."

이에 공자께서 말씀하셨다.

"친구와 함께 지내는 것은 어려운 일인데, 친구와 함께 지내면서 어떻게 쉴 수 있다는 말이냐?"

그러자 자공이 말했다.

"그렇다면 저는 쉬면서 농사나 짓고 싶습니다."

이에 공자께서 말씀하셨다.

"농사를 짓는 일이 어려운 일인데, 농사를 지으면서 어떻게 쉴 수 있다는 말이냐?"

그러자 자공이 한숨을 쉬며 말했다.

"그렇다면 제가 쉴 곳이 없다는 말씀입니까?"

이에 공자께서 말씀하셨다.

"저 언덕에 있는 무덤의 봉분을 바라보아라. 높이 우뚝하고 그릇을 엎어 놓은 것 같구나. 저곳을 보면 쉴 곳을 알 수 있을 것이다."

그러자 자공이 말했다.

"위대하도다. 죽음이여, 군자도 쉬게 되고 소인도 쉬게 되는구나."

《순자》〈대략편〉 59장

명민한 자공도 공부에 지칠 때가 있었습니다. 이 핑계 저 핑계를 대면서 공부를 피해 보려 했지만 스승을 이길 수가 없었습니다. 오히려 공부는 죽어야 끝난다는 가르침을 다시 한 번 받았을 뿐입니다. 자공은 이렇게 말했습니다.

"그렇군요. 공부는 죽어야 끝나는군요. 죽음은 참으로 대단하네요. 모든 사람에게 휴식이라는 선물을 주니 죽음은 참으로 위대합니다."

모든 일에는
때가 있다

어린 시절 가난했지만 어머니와 박물관을 자주 방문했던 조지 버나드 쇼는 아일랜드를 대표하는 극작가 겸 소설가가 되었습니다. 《인간과 초인》으로 69세에 노벨 문학상을 수상했으며,

94세에 사망하기 전까지 《카셀 바이런의 직업》, 《비사회적 사회주의자》, 《미성숙》, 《피그말리온》 등의 작품을 선보이며 폭넓은 활동을 했습니다.

그런데 그가 남긴 자신의 묘비명은 "내 우물쭈물하다가 이렇게 될 줄 알았다"입니다. 이에 '높은 명성을 얻고 세계 최고의 상인 노벨상까지 받은 인생이 우물쭈물했던 삶이라면, 도대체 어떻게 살아야 잘 살았다고 할 수 있는 것일까?'라는 의문이 듭니다. 공자께서는 고향인 노나라 곡부의 도성 북쪽으로 흘러가는 강을 보면서 이렇게 말한 적이 있습니다.

"세월 감이 이와 같구나. 밤낮 쉼이 없네."

《논어》〈자한편〉 16장

"저 흘러가는 강물처럼 세월이 하염없이 지나가는구나. 제자들은 공부가 서툴고 행실은 미진하니, 언제 군자의 길을 걸을 것인가? 세월은 유수같이 흘러가는데 다들 그럴듯한 핑계만 대니 답답하기만 하구나. 군주는 자신의 안위만을 생각하며 폭정이 폭정인지도 모르고 있으니, 언제 저 군주를 도와 살기 좋은 나라로 만들 것인가. 답답하기만 하구나"라고 말하는 공자의 모습이 그려집니다.

학생도 직장인도, 집안일을 하는 사람도 바깥일을 하는 사람도 모두 쉬고 싶을 때가 있습니다. 공부하는 학생은 매일 공부만 하기에 그렇고, 일하는 직장인은 매일 일만 하기에 그렇습니다. 집안일만 하면 집안일만 하기에 그렇고, 바깥일만 하면 바깥일만 하기에 그렇습니다. 시험이 코앞인 수험생은 쉴 수 없기에 그렇고, 프로젝트 일정이 빡빡한 직장인은 돈줄이 왔다 갔다 하는 상황이라 그렇습니다. 학생도 직장인도 남자도 여자도 쉴 수 없기에 더욱 쉬고 싶은 것입니다.

그런데 지나고 보면 다 때가 있다는 것을 알게 됩니다. 죽을 때가 되면 시간이 보이고 아프고 나면 건강이 보입니다. 졸업하면 재학 시절이 보이고 퇴직하면 직장에서의 시간이 보입니다. 인생 후반을 맞이하면 인생 전반의 시간이 보입니다. 지나고 보면 지나간 시간을 되돌아보게 됩니다.

《순자》에는 공자의 말이 다양하게 등장합니다. 제30편인 〈법행편〉은 주로 공자와 그의 제자들 간의 대화를 다룹니다.

공자께서 말씀하셨다.

"군자에게는 세 가지 생각해야 할 것이 있으니 그것에 대해 생각하지 않으면 안 된다. 젊어서 공부하지 않으면 커서 무능해지고, 늙어서 가르치지 않으면 죽어서 생각해 주는 사람이 없고, 있을 때 베풀지 않으면 궁해졌을 때 의지할 곳이 없다. 그러므로 군자는 젊어서는 나이 먹은 뒤를 생각해 공부하고, 늙어서는 죽은 뒤를 생각해 남

을 가르치고, 풍부할 때는 곤궁할 때를 생각해 베푸는 것이다."

《순자》〈법행편〉 8장

어려서 배우지 않으면
커서 무능해진다

너무나도 당연하지만 참 실천하기 어려운 말입니다. 우리는 대학이나 전공 선택에서 한 번 삐끗하면 남은 인생 전체가 흔들리는 이상한 세상에 살고 있습니다. 그런 위험한 세상에 우리 아이들이 커 가고 있습니다. 재상의 집안에서 재상이, 학자의 집안에서 학자가, 농사꾼의 집안에서 농사꾼이 나왔던 조선 시대보다도 더 못한 시대가 된 듯합니다.

능력 있는 부자 아빠들은 자식의 학벌을 위해 못하는 짓이 없지만 가난한 아빠들은 자녀 교육은 둘째치고 당장 먹고사는 문제조차 해결하기 어려워합니다. 그러니 자녀 세대 간 학벌의 간극은 줄어들 기미가 보이질 않습니다. 학벌이 성공한 인생의 기준이 되어서는 안 되지만 현실은 그 반대입니다.

정상적인 방법으로 공정하게 경쟁해 자기 실력으로 좋은 대학에 간 학생들은 박수받아 마땅합니다. 하지만 부자 아빠, 강한 엄마의 힘으로 좋은 대학에 안착한 학생이라면 특혜를 준 부모나 받은 자식이나 비난받아 마땅합니다. 그런데 이러한 행위는 비난받아도 줄어들지 않습니다. 이유는 간단합니다. 부모는 돈과 권력으로 비난을 씻어 버릴 수 있고, 자식은 긴 인생의 안락함으로 짧은 시간의 비난을 충분히 보상받기 때문입니다.

아이들은 반듯하지 않은 출발선이 그려진 운동장에서 엄마, 아빠의 경제적 도움, 일명 '엄빠 찬스'를 쓰며 쏜살같이 달려 나가는 친구를 보며 수시로 가슴을 쓸어내립니다. 불공정을 보면서도 아무것도 손쓸 수 없는 현실이 더 안타깝습니다. 그럼에도 우리가 공자와 순자의 말을 기억해야 하는 이유는 희망을 버릴 수 없기 때문입니다.

어려서 배우지 않으면 커서 무능해집니다. 그러니 자녀들에게 엄빠 찬스를 줄 수 없는 엄마와 아빠는 "그러니까 더 열심히 해야 해", "그러니 더 맹렬히 공부해야 해"라는 말을 할 수밖에 없습니다. 어려서 배우지 않으면 커서 무능해집니다. 신분 사회였던 2,000년 전도, 평등하다는 지금도 마찬가지입니다.

늙어서 가르치지 않으면 죽은 후 생각해 주는 사람이 없다

누구를 가르친다는 것은 엄중한 일입니다. 누구에게 영향을 끼친다는 것은 막중한 일입니다. 나이가 많다고, 말을 잘한다고, 학식이 높다고 되는 것도 아닙니다.

남을 가르치는 방법은 두 가지입니다. 하나는 말로 가르치는 것이며 다른 하나는 몸으로 가르치는 것입니다. 말로 가르치는 것은 그리 어렵지 않습니다. 약간의 경험과 지식만 있으면 사실이건 거짓이건 필요한 대로 가르칠 수 있습니다.

중요한 것은 몸으로 가르치는 일입니다. 말 없는 몸이 말보다 더 큰 감동과 가르침을 줍니다. 늙어서 가르치지 않으면 죽은 후 생각해 주는 사람이 없습니다. 늙어서까지 말로만 가르치려 든다면 그 끝이 허망해질 수 있습니다. 굳이 말로 표현하지 않아도 지금까지의 존재만으로 가르침이 되는 그런 노인이 된다면 더는 말로 가르치지 않아도 될 것입니다.

소설가 김훈은 1909년 하얼빈에서 이토 히로부미를 저격한 안중근 의사의 거사를 다룬 소설 《하얼빈》을 이렇게 끝맺었습니다.

"안중근의 총은 그의 말과 다르지 않다."

안중근 의사의 마지막 말은 행동이었습니다. 그는 몸과 말이 하나가 되는 최고의 인생을 산 사람입니다.

말과 행동이 다른 스승을 누가 따르겠습니까? 삶과 언행이 일치하지 않는 노인을 누가 따르겠습니까? 말과 정책이 다른 정치인을 누가 따르겠습니까? 늙어서까지 언행이 일치되지 못한다면 나중에 누가 기억해 주겠습니까? 사람들은 그간의 삶에서 자신이 한 말을 실천하는 노인을 보며 이렇게 말합니다.

"한 사람의 노인은 마을 도서관 하나와 같다."

정부에서 시행하는 경로 우대 제도의 혜택을 마다할 65세는 없겠지만 65세를 노인으로 생각하는 60대는 거의 없을 듯합니다. 지금 45세가 65세가 되는 20년쯤 뒤에는 국민 10명 중 서너 명이 65세 이상인 시대가 된다고 합니다.

인생의 시작은 육십부터가 맞습니다. 그렇기에 인생은 10년 전부터입니다. 인생은 육십부터라는 말을 하려면 오십부터 준비해야 합니다. 인생은 칠십부터라는 말을 하려면 육십부터 준비해야 합니다. 늙어서 남을 가르치는 것도 좋지만 먼저 자기 스스로 더 배워야 하는 시대입니다. 스스로 배우면 가르치려하지 않아도 나에게 배우려는 사람이 줄을 섭니다.

있을 때 베풀지 않으면
궁할 때 의지할 곳이 없다

자공은 공자의 제자 가운데 다섯 손가락 안에 들어갈 정도로 학문적 성취가 출중했습니다. 한번은 자공이 "다른 사람들이 저에게 하지 않았으면 하는 일은 저도 다른 사람에게 하지 않겠습니다"라고 하자 공자가 이렇게 말했습니다.

"그것은 네가 할 수 있는 일이 아니다."

역지사지가 얼마나 어려우면 공자가 최고 제자였던 자공에게마저 "네가 할 수 없는 일"이라고 단정해서 말했겠습니까?

역지사지를 넘어 처지가 곤란한 사람에게 자비의 마음으로 아낌없이 주는 것은 아무나 할 수 있는 일이 아닙니다. 안타까워하는 마음을 가지는 것만으로도 고마움의 인사를 받을 것이고, 물질적으로 도움을 준다면 더 큰 감사 인사를 받을 것입니다. 어쩌면 대단한 사람들만이 할 수 있는 훌륭한 일이 아닐 수 없습니다.

그래서 공자가 지적하는 것입니다. 마음 먹은 누구나 할 수 있는 일이라면 굳이 말하지 않았을 것입니다. 인격이 완성된 사람만이 가능한 일이기에 언급한 것입니다. 남에게 받기는 쉬워도 남에게 주는 일은 다른 차원의 일입니다. 그런 행동을 하는 사람이 리더고, 그런 사람이 바로 군자입니다.

일류 대학을 나와 일류 직장에서 특진과 승진을 반복하면서 돈과 권력을 움켜 쥐기를 원하는 사람이 많습니다. 이에 순자는 공자의 입을 빌어 젊어서는 공부에 집중하고, 늙어서는 몸으로 모범을 보이는 가르침을 주며, 힘들고 가난한 사람들에게 자비를 베푸는 그런 삶이 더 가치 있다는 것을 가르칩니다.

한편만을 생각하면
가려지지 않는 것이 없다

· 편견 ·

모든 만물은 다른 한편만을 생각하면 가려지지 않는 것이 없다.

凡萬物異則莫不相爲蔽

범만물이즉막불상위폐

〈해폐편〉 1장

어려서는 키에 가려, 직장에서는 학벌에 가려, 퇴직 후에는 안정적인 수입에 가려 발버둥 쳤습니다. 중학교 2학년 때 갑자기 키가 크기 전까지는 작은 키에 눈이 가려져 다른 장점을 보지 못했습니다.

직장에서는 대리가 되기 전까지 일류 대학이 아니라는 틀에 스스로를 가두어 기를 펴지 못했습니다. 출신 대학을 이유로 그 어떤 차별이나 편견을 받은 적이 없는데도 지레 먹은 겁에서 쉽게 빠져나오질 못했습니다.

직장을 그만두고 나서는 퇴직 후의 수입이 퇴직 전보다 적지 않았음에도 안정적인 수입이 아니라는 이유로 한동안 너무 불안해했습니다. 월급쟁이의 답답함을 피해 빨리 회사를 그만두었지만 얼마 지나지 않아 월급쟁이의 급여일을 그리워했습니다. 안정이라는 단어가 한동안 저를 가려 버렸습니다.

내가 보는 만큼이
세상의 전부라는 착각

"사람의 결점은 대개 한 부분에 가려 전체를 보지 못한다는 데 있다. 생각을 잘 다스리면 정도로 돌아오지만 옳은 것과 그른 것 모두를 의심하면 미혹이 생기게 마련이다. 마음을 제대로 쓰지 않으면 흑백이 바로 앞에 있다 하더라도 눈이 보지 못하고, 천둥과 북소리가 옆에서 울려도 귀는 듣지를 못한다. 하물며 다른 것이 마음을 가린 사람이야 어떻겠는가?

그럼 무엇이 사람의 마음을 가리는가? 욕심이 가리기도 하고, 미워하는 마음이 가리기도 하고, 일을 시작하는 것 혹은 끝내는 것이 가리기도 하고, 멀리 있는 것이 가리기도 하고, 가까이 있는 것이 가

리기도 하고, 넓다는 생각이 가리기도 하고, 얕다는 생각이 가리기
도 하고, 옛 생각이 가리기도 하고, 지금 생각이 가리기도 한다. 모
든 만물은 다른 한편만을 생각하면 가려지지 않는 것이 없다."

《순자》〈해폐편〉 1장

공부를 하는 것은 아이들의 문제이기도 하지만 어른들의 문
제이기도 합니다. 대학을 목표로 하는 청소년에게도 어려운 문
제지만 몸담았던 조직을 나와 인생 후반을 살아야 하는 50대에
게도 어렵습니다.

가까스로 경쟁을 이겨 내고 취업에 성공해 조직 생활을 시작
하면 그동안 나를 짓눌렀던 부족한 학력이나 학벌의 스트레스
를 조금 내려놓을 수 있습니다. 기업에서는 실력으로 성과를 거
두어 학벌이 낮다는 스트레스를 어느 정도 날려 버릴 수 있기
때문입니다.

저 역시 40대 중반에 회사를 나오니 이력서를 다시 써야 하
는 상황에 놓였습니다. 물론 퇴직할 때는 다시는 입사를 위해
이력서를 쓸 일이 없으리라 장담했지만 몇 달 지나지 않아 이
결심은 깨졌습니다. 재취업을 위한 이력서와 강사 초빙을 받기
위해 기관들에 보낼 강사 소개서를 써야 했는데 당황스러웠습
니다. 석박사 졸업장은 물론 일류 대학의 학벌도 없었고, 달랑
20대 초반에 얻은 오래된 학사 학위 졸업장과 20년의 직장 경

력이 다였기 때문입니다.

 동종 업계로 전직이나 이직을 하려 했다면 학력은 큰 문제가 아니었을 것입니다. 그렇지만 저는 퇴직 후 강의하는 삶을 꿈꾸었습니다. 한 직장에서 인사 전문가로 일한 20년의 경력이 있으니 조금만 준비하면 어떤 강의든 바로 할 수 있을 것으로 생각했는데 현실은 그렇지 않았습니다. 강사로서 공공 기관이나 기업에 강의 소개서를 보내려 하니 강단에 서지 못할 것 같다는 생각이 들어 막막하기 그지없었습니다.

 적지 않은 기관의 강사 초빙 기준은 바로 강사의 석박사 학위였습니다. 저는 강의를 잘하느냐 못하느냐가 중요한 기준일 것으로 생각했기에 강의할 기회조차 얻기 어려웠습니다. 오십이 되어서야 같은 내용의 강의도 학력에 따라 다른 강사료를 받는다는 사실을 알고 그야말로 절망에 가까운 학력과 학벌의 한계를 느꼈습니다.

 세상을 몰라도 너무 모르고 있었다는 한심함, 회사라는 따스한 울타리 속에서 작은 불만에도 징징대다가 어쩌다 오십이 되어 버린 무기력함, '아직도 세상은 학벌 사회, 학력 사회였구나' 하는 자각에 오십이라는 나이가 원망스러웠습니다.

 그때서야 사실, 오십에 석사와 박사 학위를 따기 위해 공부하는 사람이 많은 이유를 알았습니다. 세상이 인정하는 것은 실력도, 능력도, 역량도, 경험도, 숙련도 아닌 학력이었습니다. 무엇을 강의할 것인지를 묻기 전에 소리 없이 학사냐, 석사냐, 박사냐를 물었습니다.

대학원에 학기당 500만 원씩을 내지 않고서는 이 사회에서 뭔가 해 볼 만한 것이 없어 보였습니다. 석박사 과정을 밟은 이유를 이야기할 때 입으로야 평생 학습 시대를 살아가고, 배움의 즐거움을 느끼기 위해서라고 말하지만 사실은 학벌 시대에 살아남기 위한 몸부림이었습니다.

석박사 학위보다 나은
100권의 독서

제가 오십이 가까운 나이에 석사를 마친 후 박사 공부를 해 보려고 몇몇 대학에 접촉할 때 어떤 교수가 이런 조언을 해 주었습니다.

"박사 공부를 하는 목적이 대학에서 강의하는 교수가 되는 것이라면 지금의 선택은 권하고 싶지 않습니다. 치열하게 공부에 매진하는 젊은 박사들도 교수 자리를 손에 쥐기 어려운데, 일하면서 하는 공부로는 더욱 희망이 없습니다.

박사 공부의 목적이 그간의 경험을 활용하면서 학문적으로도 깊이를 더하는 것이라면 관련 분야의 책을 100권 정도 읽는 게 더 효과적일 수 있습니다. 젊었을 때처럼 밤낮을 가리지 않고 연구에만 몰입할 수 있는 상황이라면 몰라도, 일주일에 한두 번만 수업에 참석하는 것보다는 차라리 혼자 책을 읽으며 하는 공부가 더 효과적입니다."

이 말에도 저는 오십이 넘은 나이에 박사 과정에 입학했습니다. 그런데 박사 과정을 밟고 나니 '박사 공부를 하는 것보다 100권의 독서가 더 나았을 수도 있겠다' 하는 생각이 들었습니다. 공부의 성과나 결과만 놓고 보면 더욱 그랬습니다.

〈뉴욕 타임스〉에서 '세계에서 가장 모순적이지만 가장 미래를 내다보는 대학'으로 미국의 세인트존스칼리지에 주목한 적이 있습니다. 세인트존스칼리지의 주요 교육 과정은 4년간 그리스 로마 고전, 중세와 르네상스 학문, 코페르니쿠스부터의 과학을 비롯해 소크라테스부터 니체의 사상과 철학이 담긴 약 200권의 책을 읽고 토론하며 에세이를 쓰는 것입니다. 이 과정을 마친 모든 학생은 세부 전공 없이 인문 교양 학사 학위를 받는다고 합니다.

세인트존스칼리지는 늘 세계 명문 대학 중 하나로 꼽힙니다. 졸업생들은 IT 기업은 물론 의학 전문 대학원, 로스쿨 등 다양한 분야로 진출합니다. 일주일에 한 권 정도의 고전을 읽고 에세이를 쓰는 것만으로 그런 대단한 성과를 낸다는 사실이 놀랍습니다.

오십이 넘어서도 석사, 박사라는 기록에 맥없이 치일 줄은 미처 몰랐습니다. 학력 증서가 없으면 그간의 경력이나 경험을 제대로 인정받을 수 없는 이상한 사회에 살아야만 하는 처지를 한동안 원망하기도 했습니다.

그런데 오십이 넘어 만난 《논어》가 지난 60여 년 동안 저를 가린 덮개를 걷어 주었습니다. 개인적으로 《논어》 공부를 하면서 읽은 관련 책은 100권을 넘지 않습니다. 그럼에도 《논어》는 지금까지 학사, 석사, 박사 과정을 거치면서 공부한 그 어떤 전공보다도 자신 있는 분야가 되었습니다.

공자의 학문과 철학을 공부하면서 접한 《순자》는 또 다른 세상을 열어 주었습니다. 현재 내가 해야 할 일을 정하고 확실히 이루는 법, 하나에만 만족하지 않고 계속해서 내가 원하는 삶을 추구하는 방법을 알려 준 것입니다.

옳은 것과 그른 것을
구분해 말할 용기가 있는가?

• 지혜 •

옳은 것을 옳다 하고 그른 것을 그르다 하는 것을 지혜라 하고, 옳은
것을 그르다 하고 그른 것을 옳다 하는 것을 어리석음이라 한다.

是是非非謂之知 非是是非謂之愚

시시비비위지지 비시시비위지우

〈수신편〉 3장

《순자》의 첫 번째 편은 배움의 중요성과 학문을 권하는 내용
을 담은 〈권학편〉입니다. 두 번째 편은 군자 혹은 리더가 되기
위한 몸과 마음의 수양법을 담은 〈수신편〉입니다.

〈수신편〉 3장은 사람들이 지닌 좋고 나쁜 버릇이나 성질을
소개합니다.

"선한 행위로 남을 이끄는 것을 가르침이라 하고, 선함으로 남과 어울리는 것을 순응이라 하며, 좋지 않은 행위로 남을 인도하는 것을 모함이라 이르고, 좋지 않은 행위로 남과 어울리는 것을 아첨이라 이른다. 옳음을 옳다 하고 그름을 그르다 하는 것을 지혜롭다 하고, 옳음을 그르다 하고 그름을 옳다고 하는 것을 어리석다고 한다. 선량한 사람을 모함하는 것을 참소(讒訴)라 하고, 선량한 사람을 해롭게 하는 것을 해친다고 하며, 남의 재물을 훔치는 것을 도둑이라 이르고 자신의 행위를 숨기는 것을 속인다고 이르며, 말을 함부로 쉽게 하는 것을 황당하다 이른다. 들은 것이 많은 것을 박식하다 하고, 들은 것이 적은 것을 천박하다고 한다. 조치가 간소해 조리가 있는 것을 다스려졌다 이르고 조치가 번다해 어지러운 것을 혼란하다 이른다."

〈수신편〉 4장은 기운을 다스리고 마음을 기르는 방법을 소개합니다.

"기운을 다스리고 마음을 기르는 방법이 있다. 혈기가 너무 강하면 온화한 기운으로 부드럽게 한다. 생각이 너무 깊으면 평이하고 성실한 마음으로 단순하게 한다. 담력이 거세고 사나우며 화를 잘 내면 순하게 인도해 돕는다. 너무 경솔하면 행동을 멈추게 해 절제시킨다. 마음이 좁고 작으면 넓고 큰 도량으로 확대하고, 비속하고 더

디며 이익을 탐하면 원대한 지향으로 격려한다. 용렬하고 아둔하면 스승과 벗으로 그런 성질을 없애 준다. 게으르고 경박하면 재앙으로 경고해 분명하게 알려 준다. 어리석을 정도로 정성스럽고 우직하면 예와 음악으로 알맞게, 사색으로 융통성 있게 해 준다."

옳고 그름을 분간하는 것도 쉽지 않지만 옳은 것을 옳다고 하고 그른 것을 그르다고 하는 것은 더 어렵습니다. 이를 위해서는 용기가 필요하기 때문입니다.

할 수 있다고 생각하는 것이 진정한 지혜다

인생 전반이 실망스럽다고 해서 인생 후반이 꼭 실망스러운 것도, 인생 전반이 만족스럽다고 해서 인생 후반이 꼭 만족스러운 것도 아닙니다. 과거는 과거일 뿐이고 미래는 미래일 뿐입니다. 할 수 있다고 생각하는 사람 중에서 해내는 사람이 나옵니다. 할 수 없다고 생각하는 사람 중에 해내는 사람은 단 한 명도 없습니다. 이것이 바로 지혜입니다.

우리는 인생이라는 긴 여정을 위해 짧게는 초중고의 12년, 길게는 초중고와 대학까지의 20여 년간 힘든 학습 기간을 거칩니다. 하지만 그 학습의 유효 기간은 불과 20여 년도 되지 않습

니다. 인생 후반을 위한 새로운 준비를 하지 않으면 현상 유지
도 힘든 지경에 이르렀기 때문입니다.

세상이 빠르게 변하기 때문이기도 하지만 지난 시간을 통해
어떤 브랜드나 강점을 하나도 만들지 못한 것이 가장 큰 이유
입니다. 물론 원치 않은 일을 직업으로 삼았을 수도, 예상하지
못한 상황을 극복하는 데 힘을 다 썼을 수도, 아무 생각 없이
시계추처럼 출퇴근만 반복했을 수도 있습니다. 그렇지만 지금
부터는 인생 후반을 대비해 한 번 더 학습과 재충전의 구간을
거쳐야 합니다.

우리에게 주어진 준비의 시간은 그리 길지 않습니다. 그러니
적은 노력으로도 효율적인 성취를 거둘 수 있는 네 단계의 과
정을 간략히 소개합니다.

실패 없는 미래를 위한
4단계 준비

1단계는 선택입니다. 혹여 인생 중반에 곤란을 겪는다면 그
것은 그간 변화를 잊은 채 살았다는 반증입니다. 그러니 가장
먼저 해야 할 일은 무엇을 할 것인지 혹은 무엇을 해야 하는지
를 찾아내는 것입니다. 아무리 급해도 바늘허리에 실을 꿸 수
는 없습니다. 지금까지 해 왔던 일의 연속선상에서 새 일을 찾

을 것인지 아니면 전혀 새로운 일을 할 것인지를 정해야 합니다. 먼저 목적지를 정해야 기차를 탈지 자전거를 탈지 결정할 수 있기 때문입니다. 인생의 선택은 매번 어렵지만 피하기도 어렵습니다.

2단계는 변화입니다. 변화는 목표를 따라갑니다. 목표가 정해지면 마음 자세가 바뀝니다. 변화는 목표가 분명하고 간절할수록 더 빠르고 강하게 찾아옵니다. 예를 들어 인생 후반에 강사가 되겠다는 결심을 했다면 그제서야 비로소 내게 무엇이 부족한지 눈에 보입니다. 어떤 주제의 강의를 할 것인지, 강사에게 필요한 역량은 무엇인지, 강사가 되기 위해서 읽어야 할 책은 무엇이고 어떤 교육을 받아야 할지를 바로 찾아볼 수 있습니다.

이 단계에서는 본받을 멘토의 필요성도 느낍니다. 누가 직장인에서 강사로 변신에 성공했는지 찾아봅니다. 이미 성공한 사람이 있다면 나도 할 수 있다는 자신감과 목표가 생기기 때문입니다. 그가 긍정적으로 변화했다면 나도 긍정적으로, 그가 적극적으로 변화했다면 나도 적극적으로 변하기 위해 따라할 수 있습니다. 이렇듯 적극적인 사람이 된 다음에 강의를 하겠다고 계획하는 것보다 강사를 하겠다고 먼저 목표를 정한 다음에 적극적인 사람으로 변화하는 길이 더 쉽고 빠릅니다.

3단계는 학습입니다. '내 경력이 얼마인데' 하고 자위하고 있다면 이미 뒤처지고 있다는 뜻입니다. 새로운 분야의 일을 시작하기로 마음먹었다면 말할 필요도 없이 더욱 그렇습니다. 학습하지 않고 새로운 일을 시작하는 것은 그야말로 시간과 돈을 길바닥에 뿌리는 것과 같습니다.

인생 후반을 위한 학습은 전략적이어야 합니다. 어떤 목표를 정하든 간에 그간의 경험을 자산으로 만드는 학습 전략이 필요합니다. 만약 목표한 일을 추진할 때 학위가 필요하다면 학위를 따고 자격증이 필요하면 자격증을 획득하는 과정을 거쳐야 합니다. 독학으로 할 수 있다면 독학으로 하고, 전문가의 도움이 필요하다면 전문가를 찾아내 도움을 요청하는 용기를 가져야 합니다.

명확한 목표는 긍정적인 변화를 유도합니다. 긍정적이고 적극적인 변화는 학습과 충전의 단계에서 전문성과 자신감을 생성합니다. 기회는 준비하는 사람에게만 찾아오는 선물입니다. 설사 이 준비 기간이 4년이나 걸린다 해도 미래 30년을 생각한다면 인생 전반보다 확실히 남는 장사입니다.

마지막 4단계는 도전입니다. 기회가 왔을 때 도전해야 합니다. 도전하지 않고 성과를 내거나 성공하는 경우는 없습니다. 아무리 좋은 기회를 잡아도 도전 과정을 거치지 않으면 결과 내기가 어렵습니다. 도전에도 몇 가지 전략이 있습니다.

첫째, 조급해하면 안 됩니다. 도전은 1~2년 안에 끝나지 않습니다. 원하는 목표에 따라 다르겠지만 5년, 10년이 걸릴지도 모릅니다.

둘째, 어떤 일이든 오랫동안 하려면 좋아하는 일을 하는 것이 더 유리합니다. 싫어하는 일을 오랫동안 하는 것만큼 고역스러운 일도 없기 때문입니다. 돈이 된다면 그나마 참을 수 있어도 돈도 되지 않으면서 싫어하는 일을 계속하는 것은 피할 수 있으면 피하는 게 맞습니다.

셋째, 아무리 좋아하는 일이라 해도 오랫동안 하려면 건강해야 합니다. 건강이 무너지면 모든 것이 무너지기 때문입니다.

시간이 걸리겠지만 포기하지 않는다면 도전은 성취라는 끝으로 이어집니다. 인생 전반에 성공을 경험했다 해도, 인생 후반의 성취는 감회가 다를 것입니다. 인생 전반에 성공을 경험하지 못했다면 인생 후반의 성취에서 느끼는 감동의 폭이 다를 것입니다. 한 번의 성취 경험은 또 다른 성취를 가져옵니다. 한 번의 성공 경험은 또 다른 성공을 가져옵니다. 그러니 성취의 그 소중한 경험을 중요하게 생각하는 것입니다.

군자는 바라는 것을 얻어도,
얻지 못해도 즐긴다

• 선택 •

군자는 자기가 바라는 것을 얻지 못했을 때는 얻으려 했던 그 뜻을
즐기고, 바라는 것을 얻은 다음에는 그것을 처리하는 것을 즐긴다.
그런 까닭에 평생 즐거움만 있고 단 하루도 걱정이 없다.

君子 其未得也則樂其意 旣已得之又樂其治
是以有終身之樂 無一日之憂

군자 기미득야즉락기의 개이득지우락기치
시이유종신지락 무일일지우

〈자도편〉 7장

어떤 일에든 선택은 늘 중요한 변수가 됩니다. 바라던 바를
얻었을 때나 얻지 못했을 때나 그 결과를 어떻게 생각하느냐가
중요합니다. 어떤 생각을 하느냐에 따라 결과에 따른 즐거움이

배가 될 수도, 즐거움이 사라질 수도 있습니다. 이미 가진 것을 즐기기도 전에 더 많은 것, 더 높은 것을 원하면 지금까지의 노력이 보상받지 못할 수도 있습니다. 좋은 결과를 보고도 만족할 수 없거나 그 즐거움을 공감할 수 없는 상황이 반복되면 아무리 좋은 결과를 낸다고 해도 만족스럽지 않습니다.

제자인 자로가 공자께 물었습니다.
"군자도 걱정이 있습니까?"
공자께서 말씀하셨습니다.
"군자는 자기가 바라는 것을 얻지 못했을 때는 얻으려 했던 그 뜻을 즐기고, 바라는 것을 얻은 다음에는 그것을 처리하는 것을 즐긴다. 그런 까닭에 평생 즐거움만 있고 단 하루도 걱정이 없다.
소인은 자기가 바라는 것을 얻지 못했을 때는 얻지 못해서 걱정하고, 바라는 것을 얻은 다음에는 그것을 잃어버릴까 걱정한다. 그런 까닭에 평생 걱정만 있고, 단 하루도 즐거움이 없는 것이다."

《순자》〈자도편〉7장

현명한 사람은 자기가 바라는 것을 얻지 못했을 때 노력했던 이유와 과정을 되새기고 이때 얻은 역량을 고맙게 여깁니다. 또한 바라는 것을 얻은 다음에는 그것을 즐겁게 여기며 현명하게 나누고 처리합니다.

그런데 적지 않은 사람이 이와 반대로 생각하고 행동합니다. 바라는 것을 얻지 못했을 때는 얻지 못함을 걱정하고, 그간의 노력을 안타까워하며 관련한 사람들을 원망합니다. '조금 더 도움을 받았다면, 조금만 더 관심을 써 주었으면 될 수도 있었다'고 아쉽게 생각하며 미워합니다. 바라는 것을 얻은 다음에도 그것을 온전히 즐기지 못합니다. 얻은 것을 잃어버릴까 봐, 좋은 결과가 계속되지 않을까 봐 걱정합니다. 이렇듯 현명하지 못한 사람은 성공해도 걱정, 실패해도 걱정을 합니다.

행복과 즐거움의 열쇠는 선택이다

세상의 많은 일이 선택의 함수 관계로 이루어집니다. 발생한 일을 두고 긍정적으로 받아들일지 혹은 부정적으로 받아들일지도 선택의 문제지만 미래의 일 역시 선택의 문제입니다. 예를 들어 '무엇을 전공할 것인가?', '어떤 학과를 선택할 것인가?', '어떤 직업, 어떤 일을 선택할 것인가?' 등의 선택지를 두고 고민하지 않는 사람이 없습니다.

자신의 미래에 대해 생각하지 않는 사람은 없지만 자기 손으로 미래를 분명하게 선택하는 사람도 많지 않습니다. 인생 전반에서야 선택을 주저주저하면서 살아왔더라도 큰일이 아니라지만 인생 후반에는 달라져야 합니다. 인생 전반이야 아직 후반이 남아 있으니 여유가 있지만 인생 후반은 사정이 다릅니다. 인생 후반의 선택에서도 실수를 한다면 이제 더 이상의 기회가 없기 때문입니다.

선택이 행복과 즐거움을 만드는 기준이이라면 인생 후반의 선택에는 조금 특별한 전략이 필요합니다. 잘 선택하는 기술이 필요합니다. '어쩌다 선택'은 '어쩌다 인생'을 만듭니다. '특별한 선택'은 '특별한 인생'을 만듭니다. 그래서 선택의 기술이 필요합니다.

프랑스의 작가인 빅토로 위고는 "약한 자에게 미래는 불가능입니다. 겁쟁이에게 미래는 미지의 세계입니다. 용기 있는 자에게 미래는 기회입니다"라고 말합니다. 이에 따르면 미래는 고정된 것이 아니라 선택하는 사람에 따라 다르게 주어지는 선물 같은 시간입니다.

인생은 피할 수 없는 선택의 집합으로 이루어집니다. 전문가가 대신 선택해 주더라도 결국 최종 책임은 그에게 선택권을 준 나에게 있으니 선택의 순간을 피하기는 어렵습니다. 선택을 할 때는 늘 신중해야 합니다. 후회가 따를 수도 있지만 선택한 후에 후회하는 것이 선택하지 않고 후회하는 것보다 훨씬 나을 것입니다.

목적지 선택이
변화를 주도한다

가장 먼저 알아야 할 선택의 기술은 바로 목표 선택의 기술입니다. 앞서 말했듯 목적지를 정해야 해야 할 일들이 보이기 때문입니다. 만약 여러분이 이런 상황이라면 어떻게 목표를 정할 수 있을까요?

'조직에서 영업과 인사 담당으로 20여 년 일하고 퇴직해 현재는 프리랜서로 HR 분야에서 3년째 일하고 있는 50대 가장입니다. 프리랜서로 오랫동안 일하기는 불안하고 장기적으로는 인사 전문가, 귀농, 강사, 커리어 코치, 재취업 등으로 고민하고 있습니다. 모두 장단점이 있는데 인생 후반전의 일로 무엇을 선택해야 가장 좋을까요?'

목표 선택의 기준으로 삼을 수 있는 세 가지는 파브(PAV)입니다. P(Passion: 열정), A(Ability: 능력), V(Value, 가치)입니다. 즉 현재의 능력과 선호도, 마지막으로 그것이 주는 가치입니다. 능력과 열정, 가치를 기준으로 삼는다면 어렵지 않게 목표를 선택할 수 있습니다.

먼저 열정(P)입니다. 어떤 일이든 오래 하면 잘할 수 있습니다. 처음 하는 일이라도 시간이 지나면 숙달되고, 숙달되면 더잘할 수 있습니다. 잘하는 일을 계속하면 목표를 달성할 수 있습니다. 관건은 꾸준히 오랫동안 할 수 있는지 없는지 여부입니다. 그러니 '이 일을 얼마나 좋아하는가?', '이 일에 얼마나 열정을 가지고 있는가?' 등에 대한 답을 구체화해 보는 것이 목표를 선택하기 위한 첫 번째 조건입니다. 10점 만점으로 인사 전문가, 귀농, 강사, 커리어 코치, 재취업 항목에 내가 느끼는 열정도를 따져 각각 점수를 줍니다.

다음은 능력(A)입니다. 현재 내 능력으로 지금 당장 인사 전문가, 귀농, 강사, 커리어 코치, 엔지니어로 일한다면 10점 만점에서 몇 점을 줄 수 있을까요? 제 경우를 예로 들면 인사 전문가 항목에서는 전 직장에서의 오랜 경력이 있으니 6점 정도를 줄 수 있을 것입니다. 점수가 그리 높지 않은 이유는 기업의 인사 전문가라는 경력이 있더라도 전문가로 독립하려면 준비해야 할 것이 많기 때문입니다. 또 현재 제 능력으로는 강사 항목에 3점을 줄 수 있을 것입니다.

마지막으로 가치(V)입니다. 내가 하려는 일이 나에게 얼마나 가치 있는 일인지를 따져 보는 과정입니다. 이 일이 나뿐 아니라 사회에 어떤 가치가 있는 일인지에 대해 스스로 평가하는 것입니다. 개인적으로 좋아하고 잘하는 일이라 해도 가치관에 따라 좋은 일인지 아닌지가 달라질 수 있기 때문입니다. 10점 만점으로 인사 전문가, 귀농, 강사, 커리어 코치, 엔지니어 재취업 항목에 각각 가치 점수를 매겨 봅니다.

저는 이렇게 점수를 부여해 정리했습니다.

구분	P(열정)	A(능력)	V(가치)	합(合)
인사 전문가	3	6	4	13
귀농	3	1	3	7
강사	9	3	6	18
커리어 코치	5	4	5	14
재취업	2	5	4	11

열정을 평가할 때는 다른 두 가지(능력, 가치)는 고려하지 말고, 능력을 평가할 때도 다른 두 가지(열정, 가치)는 생각하지 말아야 합니다. 각각 고유한 점수를 준 다음 합산하면 위 표와 같은 점수가 나옵니다.

최고점인 강사 항목의 열정은 9점, 현시점에서 강사로서의 능력은 3점, 자신이 생각하는 강사의 가치는 6점으로 총 18점입니다. 이렇듯 수치로 표시해 보면 무엇을 선택해야 할지 더 선명하게 보입니다.

점수까지 부여하면서 어떤 일을 선택하는 이유는 분명합니다. 이렇게라도 목표를 선택해야 하기 때문입니다. 오늘 미루면 일주일을 미루고, 한 달을 미루면 1년이 지연되며, 1년을 늦추면 이번 생에는 이루기 어려워집니다.

만약 제가 3년 전에 이 작업을 통해 인생 후반의 분명한 목표를 세웠다면 지난 3년은 훨씬 더 의미 있는 기간이었을 것입니다. 프리랜서로 일하면서 강사 역량도 강화할 수 있었을 테니 말입니다. 목표를 선택한 뒤에는 그 목표를 강화하는 데 전력을 다해야 합니다. 선택한 목표를 미래 강점으로 만들어야 하기 때문입니다.

훌륭한 장사꾼은
손해를 보아도 장사를 한다

· 전념 ·

훌륭한 농사꾼은 홍수나 가뭄 때문에 경작을 그만두지 않는다.

良農不爲水旱不耕

양농불위수한불경

〈수신편〉 5장

미래는 참으로 불가사의합니다. 누구의 미래든 마찬가지입니다. 치밀하고 전략적으로 계획을 세운다고 그대로 이루어지는 것도 아닙니다. 계획 없이 좋은 결과를 만들어 내는 경우도 적지 않습니다.

한겨울의 송백 같은
사람이 될 것

모든 사람은 미래 인생에 대한 저마다의 이론과 방법을 가지고 있습니다. 그 방법은 특별하기도 하고 아니기도 합니다. 그래서 사람들은 나름의 결과를 만들어 낸 이에게 말합니다.

"그건 너니까 된 거야!"

휴일 오후에 동네 사거리의 대형 커피숍에 가 보면 다양한 대화를 들을 수 있습니다. 어떤 이는 커피 한 잔을 앞에 놓고 오후 한나절 내내 열변을 토합니다. 간청하듯 애원하는 어조로 상대방을 설득하는 어른도 있고, 목소리 높여 열변을 토하는 연인도 있고, 의미 없는 말을 무던히도 던지는 사람도 있습니다. 남자나 여자나 젊은이나 늙은이나 할 말이 많아 보입니다. 오늘이 아니면 다시는 기회가 없는 것처럼 말하는 수많은 사람의 이야기가 공간을 가득 채웁니다. 모두가 자기주장을 하면서 자기 생각이 틀리지 않았다는 것을 증명하려 최선을 다합니다.

2022년 가을, 영국 여왕 엘리자베스 2세가 고인이 되었습니다. 왕세자였던 찰스 3세는 그 뒤를 이어 바로 왕이 되었습니다. 이같이 몇몇 특수한 경우 외에는 세상에 우연히 잘된 사람은 없습니다. 팔자에도 없던 수십억 원의 상속자가 되는 것은 영화에나 있는 이야기입니다. 사람들은 이렇게 말합니다.

"그래, 그건 영화 같은 이야기야!"

이에 순자는 말합니다.

"몸이 수고로워도 마음이 편안하다면 행하고, 이익이 적어도 의로운 일이라면 행한다. 난폭한 군주를 섬기며 벼슬길이 형통한 것이 역경에 처한 군주를 섬기며 도의를 따르는 것보다 못하다.
그러므로 훌륭한 농사꾼은 홍수나 가뭄이 든다고 경작을 그만두는 법이 없고, 훌륭한 장사꾼은 손해를 본다고 장사하지 않는 일이 없으며, 군자는 가난하고 곤궁하다고 수신을 게을리하는 일이 없다."

《순자》〈수신편〉 5장

오래전 공자께서는 소나무와 잣나무, 즉 송백을 칭송했습니다. 겨울이 되면 다른 나무들은 앙상한 나목이 되지만 송백은 시들지 않고 청청함을 간직하기 때문입니다.

공자는 제자들이 송백 같은 사람이 되기를, 한겨울 추위의 극한 환경에서도 생생히 살아남는 소나무와 잣나무 같은 품성과 인품을 갖추기를 기대했습니다. 생육하기 좋은 여름에는 반짝 빛을 발하다가 겨울이 되면 쓰러지는 나약한 존재가 아닌, 어떤 환경이나 어떤 위기에 처해도 꿋꿋하게 버텨 내는 강한 제자들이 되기를 바랐습니다.

어려움을 겪어 본 사람과 그렇지 않은 사람은 다릅니다. 시련에 단련된 사람과 그 시련을 포기한 사람은 같지 않습니다.

목표를 선택했다면 선택하지 않은 나머지는 과감히 포기해야 합니다. 예를 들어 미래에 강사가 되기로 선택했다면 강사라는 목표만 남기고 나머지는 모두 포기해야 합니다. 선택한 미래에 필요한 강점을 강화하는 데 집중해야 하기 때문입니다. 이제부터는 강사, 강연, 강의를 자신의 송백으로 만들어야 합니다. 어떤 열악한 환경에 놓이더라도 송백처럼 청청하고 꼿꼿한, 강한 강사가 되어야 하기 때문입니다.

목표를 달성하는
전념의 기술

앞에서 목표 선택의 기술을 이용해 간절한 목표를 정했다면 이제부터는 두 가지에만 집중해야 합니다. 하나는 프리랜서든 정규직이든 비정규직이든, 시간제든 전일제든, 마음에 드는 일이든 마음에 들지 않는 일이든 경제 활동을 위한 일을 하고 있다면 낮에는 그것에 전념하는 것입니다. 전념하지 않으면 수입이 줄어들기 때문입니다. 다른 하나는 미래에 하고자 하는 일에 관한 준비입니다. 그 준비는 어떻게 해야 할까요?

1단계로는 내가 하려는 일을 좋아해야 합니다. 일에 전념하기 위한 방법을 고민하다 보면 이런 생각이 들 것입니다.

'좋아하는 일을 당장 할 수 없다면 지금 하는 일을 좋아할 수는 없을까?', '지금까지 해 왔고 지금도 하는 일인데 이 일을 좋아할 수는 없을까?', '이 일을 계속하면 어떤 장점과 강점이 생길까?', '이 일의 전문가라는 소리를 듣게 되면 어떤 일이 벌어질까?', '특별한 애정 없이도 무난하게 해 왔는데 애정이 생긴다면 훨씬 더 잘할 수 있지 않을까?'

나와 비슷한 일을 하는 사람 중에는 그 일을 정말 좋아하는 사람들도 있습니다. 어떤 일에 전념하지 못하는 이유는 일이 아닌 마음의 문제일 수 있습니다. 마음이 변하면 나와 세상이 바뀔 수 있습니다.

2단계는 바로 나의 강점을 강화하는 것입니다. 어렵고 힘들어도 좋아하는 일을 하면서 멋진 결과까지 만들어 내고 싶다면 자신의 강점을 강화해야 합니다. 선택한 목표를 미래의 강점으로 만들어 내야 합니다. 그것에 3년이 걸리면 3년 후부터는 내가 원하는 삶을 살 수 있습니다. 5년이 걸리면 5년 후부터는 내가 원하는 일을 하면서 살 수 있습니다. 설사 10년이 걸려도 손해가 아닙니다. 지금 50대 중반이라면 60대 중반부터 20년 이상을 하고 싶은 일을 하면서 행복하게 살 수 있기 때문입니다.

예를 들어 보겠습니다. 만약 강사가 되는 것을 인생 후반의 목표로 정했다면 먼저 강의하는 법과 강사라는 직업에 관한 책을 읽어야 합니다. 다섯 권이든 10권이든 읽고 정리를 해 보아야 강사와 강연에 대한 큰 그림을 이해할 수 있습니다.

다음으로는 강의 주제를 정합니다. 물론 나중에 변경할 수도 있지만 우선 자신이 할 수 있는 분야의 주제를 정하고 관련 책을 읽으면서 자료를 정리해야 합니다.

이어서 온라인이든 오프라인이든 관련 강의를 다양하게 수강해 봅니다. '이거다' 싶은 강의가 있다면 반복적으로 청취해 봅니다. 동시에 틈틈이 강사 양성 과정을 수강합니다. 강의 자료를 만들고 강의 연습을 합니다. 강연 모임에 참석해 다른 강사의 강연을 들으면서 강사 교류 모임에도 참가합니다.

목표 달성에 아주 좋은 한 가지 팁을 덧붙입니다. 어떤 목표를 세웠든 그 과정에 수반하면 좋을 활동이 바로 글쓰기와 책쓰기입니다. 쉽지 않지만 그렇다고 못할 일도 아닙니다. 책을 한 권 내겠다는 생각을 가지면 위에 열거한 모든 일이 한 번에 해결됩니다. 책을 읽을 수밖에 없을 뿐더러 읽은 책의 내용을 정리한 자료도 활용할 수 있기 때문입니다. 1년이 걸리든 3년이 걸리든 글쓰기를 통해 책을 출간한다면 강의 마이크를 잡는 것은 그리 어렵지 않습니다.

오십에 인생의 목표가 생기면 시간이 빨라집니다. 혹여 시간이 지루하다고 느껴진다면 이는 목표다운 목표가 없다는 것을 의미합니다. 시간은 목표의 변수이기 때문입니다.

알지 못함과 의심을
어떻게 처리할 것인가?

· 도구 ·

말에 신의가 있는지는 잘 알지 못하는 것과 의심스러운 것을 어떻게
처리하느냐에 따라 결정된다.
의심스러운 것은 말하지 말고, 물어서 확인하지 않은 것은 말하지 않
아야 한다.

言之信者 在乎區蓋之間
疑則不言 未問則不言

언지신자 재호구개지문
의즉불언 미문즉불언

〈대략편〉 기장

우리 삶에 중요하지 않은 일은 거의 없지만 그중 말의 중요
성은 아무리 강조해도 지나치지 않습니다. 인생은 말로 시작해

말로 끝난다고 해도 과언이 아닙니다. 집안에서나 밖에서나 나라 안에서나 밖에서나 단 하루도 말을 하지 않고서는 잘 지내기가 어렵습니다.

말은 나를 나타내는 수단이며 다른 사람을 쉽게 이해하는 통로입니다. 사랑도 미움도 말로 시작됩니다. 말이 잘 통해 이해하는 경우도, 말이 통하지 않아 오해를 빚는 경우도 많습니다. 말 많은 세상이 좋은 것은 아니지만 말 없는 세상은 죽은 세상이나 마찬가지입니다.

말이 단단해져야
인생도 탄탄해진다

가는 말이 고와야 오는 말이 아름답습니다. 가는 말에 달콤함을 발라야 오는 말에 꿀이 따라옵니다. 하지만 실천하기가 그렇게 어렵습니다. 아름다운 말은 듣고 싶지만 먼저 고운 말을 하기가 그렇게 어렵습니다. 포근한 말은 듣고 싶지만 먼저 따뜻한 말을 하기가 그렇게 어렵습니다. 부부간에 사랑의 언어가 잘 오고 간다면 가정의 어떤 어려움도 걱정거리가 되지 않습니다. 조직에서 상하 간에 따뜻한 언어가 유지된다면 조직 내 어떤 갈등도 문제가 되지 않습니다.

그런데 아무 말이나 하는 사람이 많습니다. 자기 생각대로 말하고 듣습니다. 자기 생각과 같으면 틀린 말도 맞다 하고, 자기 생각과 다르면 맞는 말도 틀리다 합니다. 상대가 아무리 중요한 말을 해도 듣고 싶은 말만 골라서 듣기에 나중에 다른 소리를 합니다. 눈앞에서는 다 알아들었다 해 놓고 시간이 지나면 이상한 소리를 해 댑니다.

말 속에는 믿음이 있어야 합니다. 사람들은 한 입으로 두말하는 사람을 정말 싫어합니다. 아이도 어른도 노인도 남자도 여자도, 상사도 부하도 고객도, 정치인도 권력자도 공직자도 마찬가지입니다. 직위가 높거나 윗자리에 있을수록 더욱 그렇습니다.

순자는 "한 사람의 말에 신의가 있는지 없는지는 그 사람이 잘 알지 못하는 것과 의심스러운 것을 어떻게 처리하느냐에 따라 결정된다"라고 말합니다. 조금이라도 의심스러운 것은 물론 정확히 아는 사람에게 물어서 확인하지 않은 것도 말하지 않아야 한다고 말합니다.

멋진 인생을 다지는
세 가지 도구

요리사가 요리를 잘하려면 반드시 칼을 예리하게 갈아 놓아야 합니다. 엔지니어는 장비를 최상의 상태로 설정해 놓아야,

직장인은 업무 지식을 갖추어야, 경영자는 그의 품격과 인품을 올려놓아야, 리더는 어디를 가든 자기보다 나은 리더와 사귀어야, 장인은 그의 연장을 먼저 날카롭게 벼려 놓아야 일을 잘할 수 있습니다.

장인이 일을 잘하기 위해 사용할 도구를 손질하는 것처럼 오십 이후, 인생 하프타임에 활용하면 좋을 세 가지 도구가 있습니다. 인생 후반을 멋지고 행복하게 만들기 위해 먼저 이 세 가지 연장을 날카롭게 갈아 놓기를 추천합니다. 여러 전략도 필요하지만 손끝에 잡히는 핵심 전술이 더 필요합니다. 목표를 선택하는 기술, 강점 강화에 도움이 되는 도구는 바로 시간 경영(時: 시), 독서와 책 쓰기(書: 서), 강연(敎: 교)입니다.

먼저 시간 경영입니다. 하고 싶은 일이 많아 시간이 부족하다고 느낀다면 시간 경영이 필요한 시기라는 뜻입니다. 시간을 경영하는 비결은 두 가지입니다.

하나는 긴급한 일보다 중요한 일을 먼저 하는 것입니다. 한정된 시간에 많은 일을 하는 것은 결코 쉽지 않습니다. 많은 일을 하는 것보다 의미 있는 일을 하는 데 시간을 더 쓰는 것이 효과적으로 시간을 경영하는 방법입니다.

다른 하나는 '레드 타임(Red time)'과 '블루 타임(Blue time)'을 동시에 보내는 것입니다. 레드 타임은 피 터지게 경쟁하면서 생존을 위해 사용하는 현재의 시간입니다. 블루 타임은 경쟁하면서도 미래의 자기 브랜드, 자기 강점을 만들어 가는 현재의 시간을 의미합니다. 현재 일이나 직업으로 급여를 받고 있다면 레드 타임을 보내는 것이고, 일을 통해 미래 자신의 브랜드로 만들어 가고 있다면 레드 타임인 동시에 블루 타임을 보내는 것입니다.

보통은 나만의 브랜드를 만들고 강점을 강화할 시간이 아니라 해야 할 일이 없는 경우가 더 많습니다. 해야 할 일이 생기면 시간은 만들어지기 마련입니다. 그러니 먼저 해야 할 일은 시간 경영 기술을 배우는 것이 아니라 분명한 목표를 정하는 것입니다. 시간 경영은 목표 관리입니다. 조직에게나 개인에게나 다르지 않습니다.

다음으로 독서와 책 쓰기입니다. 어떤 일을 10년 넘게 했는데도, 직장 생활을 10년 이상을 했는데도 스스로에게 강점이 없다는 생각이 든다면 원인은 능력이 없어서도, 업무가 시원찮아서도, 시간이 없어서도, 환경이 열악해서도, 가족이 말려서도, 생각이 없어서도 아닐 것입니다. 바로 강점을 강화하는 전술을 잘 몰랐기 때문일 가능성이 높습니다.

강점을 강화하는 방법으로 책 쓰기만큼 막강한 것도 없습니다. 책을 쓴다는 것은 좋은 책을 많이 읽는다는 것과 비슷한 의미입니다. 책을 쓴다는 것은 좋은 책을 많이 읽어 글 솜씨를 늘리는 일입니다. 글 솜씨가 없어 책을 못 쓴다는 사람들도 있지만 글 솜씨가 없어도 책을 쓰는 사람도 많습니다. 책 쓰기는 작성 당시의 어려움보다 쓴 후에 얻는 이익이 훨씬 큰 작업입니다. 쓰기 어려워서가 아니라 쓰지 않기 때문에 못 쓰는 경우가 더 많습니다. 방법이 없어서가 아니라 가까이하지 않아서 어려운 것입니다.

다음은 강의와 강연입니다. 강점 강화에 도움이 되는 가장 좋은 공부 방식은 가르치는 것입니다. 교학상장(敎學相長), 즉 가르치면서 함께 성장하는 대표적인 방법이 바로 강의입니다. 누군가에게 알려 주기 위해 강의 내용을 정리하면 더 확실한 공부가 됩니다. 어떤 강사는 두 시간 강의를 위해 20시간을 준비하기도 하고 20일을 준비하기도 합니다. 강의를 잘해서 전문가 소리를 듣는 것이 아니라 강의 준비를 잘해서 전문가 소리를 듣게 된다는 뜻입니다.

참고로 강의와 강연은 혼용해서 사용해도 문제는 없지만 약간의 차이가 있습니다. 강의는 주로 대학이나 학원 등에서 학생이나 수강생에게 학술적, 전문적 지식과 기술을 알려 주는 것이고, 강연은 불특정 장소에서 대중에게 일반 교양이나 생활 지식에 관한 내용을 알려 주는 것입니다.

강의든 강연이든 지금까지의 경험과 나름의 지혜를 필요한 누군가와 나누는 일은 매우 가치 있습니다. 여기에 사람들의 인정과 감사의 박수까지 받는다면 하루하루가 더할 나위 없이 즐거워지고 보람 있을 것입니다.

인생 후반의 가르치는 삶은 "지자요수(知者樂水), 지자동(知者動), 지자락(知者樂)"의 삶입니다. 책을 읽고 글을 쓰며 강의하는 지자(知者)의 삶은 흐르는 물처럼 생동감 있고 활동적입니다. 지루할 틈이 없습니다. 새로운 책을 만나고, 새로운 사람을 만나는 강의하는 삶은 즐거울 수밖에 없습니다. 그간의 경력을 필요한 사람들에게 전하고, 새롭게 터득한 지식과 지혜를 필요한 사람들에게 알려 주며 인정받고 보람을 느끼는 삶은 즐겁지 않을 수가 없습니다.

망하는 사람은
독선을 좋아한다

• 시간 •

천하의 나라마다 뛰어난 인재가, 어느 시대에든 현명한 사람이 있다. 미혹된 자는 길을 묻지 않고 물에 빠진 자가 얕은 지점을 묻지 않으니, 망하는 사람은 독선을 좋아하기 때문이다.

天下 國有俊士 世有賢人
迷者不問路 溺者不問遂 亡人好獨

천하 국유준사 세유현인
미자불문로 익자불문수 망인호독

〈대략편〉 35장

어느 나라에나 뛰어난 인재가 있고 어느 시대에나 현명한 사람이 있습니다. 어느 정부에나 뛰어난 관리가 있고 어느 조직에나 현명한 리더가 있습니다. 어느 기업에나 걸출한 직원이 있고 어느 시대에나 우수한 조직과 상사가 있습니다. 어느 학교에나 똑똑한 학생이 있고 어느 시대에나 현명한 스승이 있습니다.

능력이 뛰어나도
흔들리는 이유

뛰어난 인재와 현명한 사람이 넘쳐 나는데도 천하는 왜 흔들릴까요? 정부에 뛰어난 관리와 현명한 리더가 넘쳐나는데 나라는 왜 흔들릴까요? 기업에 뛰어난 직원과 현명한 상사가 넘쳐나는데 회사는 왜 흔들릴까요? 학교에 뛰어난 학생과 현명한 스승이 넘쳐나는데 교육은 왜 흔들릴까요?

뛰어난 인재와 현명한 사람도 모든 것을 다 알지는 못하기 때문입니다. 알아도 다시 한 번 묻고, 모르면 모르니 묻고, 쉬운 것도 어려운 것도 묻고, 윗사람에게도 아랫사람에게도 물어야 하는데 그러지 않기 때문입니다. 독선을 좋아하는 사람들 때문에 천하가 흔들렸고 끝내는 그들 스스로도 망했습니다. 정부의 관리와 리더도 마찬가지입니다. 기업의 직원과 상사도 마찬가지입니다. 학교의 학생과 교사도 마찬가지입니다.

독선을 좋아하는 사람치고 힘들어지지 않은 이는 거의 없습니다. 망자호독(亡人好獨)하기 때문입니다. 망하는 사람은 독선을 좋아하기 때문입니다. 나라를 경영하는 국정도, 회사를 이끄는 기업 경영도, 집안을 관리하는 가정 경영도 스스로의 삶을 끌어가는 개인 경영도, 삶의 기반이 되는 시간 경영도, 경제 경영도, 건강 경영도 모두 마찬가지입니다.

지금 국정을 담당하는 리더들은 이구동성으로 "조선의 국정을 어지럽힌 사색당파를 반면교사로 삼아야 한다"라고 말하면서 여전히 독선을 좋아합니다. 여당은 야당을, 야당은 여당을 탓하는 패턴은 예나 지금이나 똑같습니다. 자기네 당은 틀려도 옳다 하고 상대 당은 옳아도 틀리다 합니다. 2,300여 년 전의 순자의 말이 새롭게 들리는 이유입니다.

후회를 부르는 크로노스의 시간

크로노스의 시간은 누구에게나 공정하고 공평하게 적용되는 시간입니다. 1년은 365일입니다. 일주일은 7일, 하루는 24시간, 1시간은 60분, 1분은 60초, 초등학교는 6년, 중학교는 3년, 고등학교는 4년, 대학교는 4년입니다. 어떤 직무의 25년 경력자라면 9,125일을 일한 것입니다.

사람들이 이 시간에 맞추어 살아가기 때문에 크로노스의 시간은 어느 정도 미래를 예견하는 기준이 됩니다. 그래서 사람들은 초등학교에 입학하면 중학교 진학을 걱정하고, 고등학교에 입학하면 대학교 진학을 걱정합니다. 대학교 신입생 파티가 끝나기도 전에 취업을 걱정하고, 신입 사원 연수가 끝나기도 전에 노후 준비를 위해 계획을 세웁니다. 대리가 되기도 전에 이직과 전직을 고민하고, 과장이 되기도 전에 명예퇴직을 걱정하며, 부장이 되기도 전에 퇴직 후 아이템을 찾습니다.

그러다 인생 1학기가 끝난 오십이 되면 불현듯 밀려오는 지난 시간에 대한 후회에 시달립니다. 그간 누구를 위해 열심히 살았는지, 무엇을 위해 그토록 치열하게 살았는지 의문이 듭니다. 거기다 50년을 열심히 살아왔지만 아직도 미래가 불안하다는 사실에 주눅이 듭니다.

조금 더 자유롭고 행복하게 살고자 노력했던 지난 시간에 대한 의문이 듭니다. 그 긴 시간을 어떻게 사용했기에 이런 결과가 나왔을까요? 60세가 되고 70세가 되면 바뀔까요? 내가 원하는 삶이 이루어질까요? 누구에게나 주어진 이 시간을 어떻게 사용하고 활용해야 조금 더 나은 삶을 만들 수 있을까요?

공자께서도 고향 노나라 곡부 지역 북쪽에 흐르는 강을 지나면서 세월을 안타까워했습니다. 강물처럼 쉼 없이 흘러가는 시간을 아쉬워했습니다. 크로노스의 시간은 성인으로 추앙받는 공자에게나 평범한 우리에게나 다를 바 없이 적용됩니다.

공자와 요즘 사람들이 보낸 73년의 길이는 다르지 않습니다. 옛날이라 해서 시간이 느리게 흐르고 요즘이라 해서 빠르게 흐르지는 않기 때문입니다. 그런데 왜 누군가는 동양 최고의 성인으로 추앙받고, 누군가는 자신의 앞날조차 준비하지 못해 걱정하는 소시민이 되었을까요? 공자가 카이로스의 시간을 보냈다면, 소시민은 카이로스의 시간을 보내지 못했기 때문입니다.

카이로스의 시간을 보내는 방법

크로노스의 시간은 내 마음대로 관리하기가 거의 불가능합니다. 근무 시간이 오전 8시부터 오후 6시까지로 정해진 회사의 직원이라면 누구나 이를 준수해야 합니다. 초등학교 6년과 중학교 3년이라는 크로노스의 시간을 지키지 않고 초중 교육 과정을 이수하기란 쉽지 않습니다. 평균 수명 85세의 뜻은 그 사회의 많은 사람이 85세까지 살 가능성이 높다는 것입니다. 아무리 욕심 많은 사람도 200세까지 살 수는 없습니다. 무한정한 크로노스의 시간도 조건에 따라 한계가 있기 때문입니다.

이에 반해 카이로스의 시간은 의미의 시간입니다. 모두에게 다르게 나타나는 시간입니다. 1분도 사람마다 다르게 느껴질 때가 많습니다. 공원에서 산책을 즐기는 사람들이 느끼는 1분은 매우 짧지만, 잃어버린 아이를 찾아 숨을 몰아쉬며 뛰어가는 안타까운 마음의 어머니가 느끼는 1분은 너무 길 것입니다.

사랑하는 사람과 재미있는 영화를 보는 1시간과 상사에게 잔소리를 듣는 1시간의 길이는 다릅니다. 특별한 프로젝트를 진행하며 의미 있게 보낸 1년과 반복적인 업무로 흘려보낸 1년의 길이는 다릅니다.

여러 사람이 한 회사에서 20년간 직장 생활을 했다고 해도 사람마다 느끼는 20년의 의미는 다릅니다. 어떤 이는 40년 같은 20년을 보냈을 것이고, 또 어떤 이는 10년 같은 20년을 보냈을 것입니다. 누군가는 그간의 업무를 통해 확실한 자신만의 강점을 만들었을 것이고, 누군가는 그간 받은 월급 이외에 어떤 것도 건지지 못했을 것입니다.

오래 사는 것은 중요하지만 의미 있게 오래 사는 것은 더 중요합니다. 평균 수명을 살다 가더라도 어떻게 평균 수명을 살았는가가 더 중요합니다. 그래서 맹자와 안회, 주자와 율곡 모두 "성인은 따로 있지 않다. 우리도 성인을 목표로 살아간다면 공자처럼 될 수 있다"라고 반복적으로 가르쳤습니다.

의미 있는 일에
시간을 써라

인생 하프 타임을 맞이한 어떤 사람은 시간이 많다고 합니다. 남는 게 시간인데 할 일이 없다고 말입니다. 그런데 또 어떤 사람은 시간이 없다고 합니다. 할 일은 많은데 시간이 부족하다고 말입니다.

시간이 많거나 적은 모든 이에게 필요한 것이 바로 카이로스의 시간입니다. 시간이 너무 많아 지루하다면 지금 목표가 없기 때문입니다. 목표를 세우는 데 현재 상황은 중요하지 않습니다. 가진 게 너무 많아, 가진 게 너무 없어 목표를 세우지 못하는 것이 아닙니다. 조금 더 가치 있는 삶을 생각한다면, 조금 더 의미 있는 삶을 꿈꾼다면, 내가 아닌 다른 사람의 행복을 조금 더 생각한다면 목표는 누구에게나 생기게 되어 있습니다.

하고 싶은 일이 많은데 시간이 부족하다고 느낀다면 카이로스의 시간을 생각할 때입니다. 능력에 따라 다르기는 하지만 주어진 시간에 많은 일을 하기란 결코 쉽지 않습니다. 오십 지천명에 일에 치여 불필요한 스트레스나 육체적인 문제를 만드는 것은 피하는 것이 좋습니다.

그러니 일에 우선순위를 정해서 행해야 합니다. 지금까지는 긴급하고 중요한 일을 먼저 했다면, 이제부터는 긴급하지는 않지만 중요한 일을 먼저 하는 태도를 가지는 것이 효과적입니다. 카이로스의 시간을 더 많이 만드는 비결은 많은 일을 하는 것보다 의미 있는 일을 하는 데 시간을 쓰는 것입니다. 카이로스 시간을 많이 만들어야 인생이 행복해집니다.

밤새 쌓인 눈도
아침 해가 뜨면 녹는다

· 전략 ·

윗사람이 되어 아랫사람을 아낄 줄 모르고, 아랫사람이 되어 윗사람을 비난하기 좋아하는 것이 곤궁해지는 첫 번째 조건이다.

為上則不能愛下 為下則好非其上 是人之一必窮也
위상즉불능애하 위하즉호비기상 시인지일필궁야

〈비상편〉 5장

그 누구도 인생이 꼬이는 것을 원하지 않습니다. 그 누구도 힘든 삶을 살고 싶어 하지 않습니다. 그런데 많은 사람이 스스로의 인생이 꼬여 가는 것을 방조하곤 합니다. 마음으로는 복되고 행복한 일들이 일어나기를 바라지만 몸으로는 그에 반하는 행동을 하는 경우가 많습니다.

복을 불러오는
세 가지 방법

순자는 사람들이 자주 행하는 상서롭지 못한 세 가지 일이 있다고 했습니다. 바로 나이 든 사람을 섬기려 하지 않는 것, 존귀한 자를 섬기려 하지 않는 것, 어진 자를 섬기려 하지 않는 것입니다. 신입이면서도 선배나 상사를 통해 배우려 하지 않는다면, 나이가 어리면서도 연장자를 따르거나 존중하지 않는다면, 전문 지식이 없으면서도 전문가의 조언 듣기를 거부한다면, 사람을 이해하고 포용하는 능력이 떨어지면서도 바른 사람들에게 배우기를 거부한다면 이는 예나 지금이나 복되고 좋은 일이 일어날 조짐을 미리 차단하는 행동입니다.

이 말은 어리고 전문 지식과 포용력이 부족한 사람뿐 아니라 나이가 많고 전문 지식과 포용력이 풍부한 사람에게도 적용됩니다. 세상의 모든 일은 상대적이기 때문입니다. 공자는 《논어》에서 "불치하문(不恥下問)"이라는 말을 반복적으로 사용했습니다. '모르는 것이 있으면 나이가 어린 아랫사람에게도 물어보았다'라는 뜻입니다. 모르면 선배도 후배에게 물어야 합니다. 어른도 젊은이에게 물어야 합니다. 상사도 부하에게 물어야 합니다. 전문가라도 자기 분야가 아니라면 다른 사람에게 묻기를 머뭇거려서는 안 됩니다. 그것이 바로 상서로운 일, 즉 복되고 좋은 일을 만드는 시작점입니다.

인생이 쉬워지는
세 가지 방법

또한 순자는 사람들을 곤경에 빠뜨리는 세 가지 일이 있다고 했습니다. 첫째는 아랫사람을 아끼거나 사랑할 줄 모르고 윗사람을 비난하고 비방하기를 좋아하는 것입니다. 둘째는 다른 사람을 대할 때 이해하는 마음 없이 등지거나 업신여기는 것입니다. 셋째는 아는 지식도 별로 없고 행실도 경박하며 재능 또한 다른 사람보다 못한데도 어진 사람을 추천하지도, 지혜로운 사람을 존경하지도 못하는 것입니다.

밤새 쌓인 눈이라 해도 아침 해가 뜨면 녹아 사라집니다. 아무리 높은 지위를 차지하고 있다고 해도 언젠가는 내려옵니다. 팀원을 아낄 줄 모르고 함부로 써도 되는 자원으로 생각하는 팀장이라면, 왼쪽 팔뚝에 화려한 금장을 차고 높은 직위에 앉아 해야 할 일은 잊은 채 권력의 재미에만 빠진 리더라면 머지않아 아침 햇살에 녹아 사라지는 눈이 될 것입니다.

팀원도 마찬가지입니다. 전문 지식이 충분하고 인내심이 충만한 인재라 하더라도 시도 때도 없이 팀장을 비방해서는 안 되는데, 아는 것도 변변치 못하고 참을성도 없으면서 입만 열었다 하면 팀장을 비난하고 비방한다면 팀원 스스로 무덤을 파는 것이나 진배없습니다.

우리의 삶을 도형으로 표현하면 점이 아닌 선에 가깝습니다.

누군가와 관계를 끝냈다고 해도 완전히 끝나는 경우는 거의 없습니다. 그러니 어떤 사람과 등진다고 해도 그를 함부로 업신여기거나 뒤돌아서서 비난하는 일은 조심해야 합니다. 이를 지키지 않는 데서 종종 우리의 인생을 어렵게 만드는 원인이 비롯되기 때문입니다.

현재 맡은 일을
나의 브랜드로 만드는 전략

경쟁은 누구나 피할 수 없습니다. 다른 사람보다 더 열심히 하지 않으면 가지고 싶은 것을 쟁취하기 어렵습니다. 특히 학교 졸업 후 사회로 나오면 필수적으로 경쟁해야 합니다. 피 터지는 경쟁에서 이겨 인정받아야 합니다. 그래야만 미래가 보장되기 때문입니다.

조직은 현재의 시간에서 경쟁하지 않으면 내가 나로 존재하기도 어렵게 만듭니다. 조직에서의 시간은 돈과 맞바꾸는 시간입니다. 8시간을 일하면 8시간의 수당을 받고, 10시간을 일하면 10시간의 수당을 받는, 정확히 가치를 매길 수 있는 시간입니다. 사람들은 경쟁이 치열해져 일한 만큼의 수당을 받을 수 없는 상황에 몰려도 이 경쟁의 시간에서 빠져나오기 어려워합니다. 몸이 아프거나 허리가 끊어져도 출근하지 않으면 수입이

사라지기 때문입니다.

나이 들어 경쟁력이 떨어진 사람들은 권고사직, 조기 퇴직, 명예퇴직, 정년퇴직, 은퇴 등으로 조직에서 밀려납니다. 수입은 일자리와 함께 사라지고 맙니다. 20년을 일해도, 30년을 일해도 마찬가지입니다.

매년 휴가다운 휴가도 즐기지 못하며 치열한 경쟁 속에서 열심히 살아왔다면, 인생 하프타임에 이르러서는 미래에 대한 걱정이 없어야 할 텐데 그렇게 되기가 참 어렵습니다. 신자본주의 자유 경제 체제 속 우리의 현실은 문제 발생의 원인을 결국 개인에게 귀결합니다. 이 문제를 해결하려면 지금까지와는 조금 다른 시간 경영 전략이 필요하지 않을까요?

이 전략의 목표는 현재 맡은 일에서 경쟁하는 동시에 이 일을 통해 미래의 내 브랜드가 될 강점을 키우는 것입니다. 이제 현재의 일이나 직업을 미래 자신의 강점으로 더욱 키울 수 있는 시간 경영 전략을 소개합니다.

직장인을 위한
시간 경영 전략

가장 먼저 할 일은 '목표 세우기'입니다. 목표가 있어야 이를 이루기 위해 시간을 얼마나 어떻게 쏟아야 하는지 알 수 있기 때문입니다. 지금부터 4년 정도 조직에서 현재의 업무를 계속할 수만 있다면 자기 브랜드를 만드는 시간 전략을 세울 수 있습니다.

가령 인사 업무를 담당하고 있다면 가장 먼저 4년 후의 목표를 정해야 합니다. 예를 들어 '국내 최고 10인에 드는 인사 전문가 되기'도 좋습니다. 목표를 정하면 해야 할 일이 만들어집니다. 4년 안에 국내 최고의 인사 전문가가 되기 위해 해야 할 일이 한두 개가 아니라는 사실을 바로 깨달을 것입니다.

흔히 어떤 일에 1만 시간을 투자하면 뛰어난 전문가가 된다고 합니다. 하루에 8시간을 근무하는 인사팀 직원이 4년 동안의 인사 업무에 1만 시간을 투자하는 것이 가능한지 계산해 보겠습니다.

먼저 하루 근무 시간의 반인 4시간씩을 이 계산에 넣어 봅니다. 이 4시간은 월급을 받으며 미래 자신의 브랜드를 만드는 매우 소중한 시간이라고 볼 수 있습니다. 즉 이 시간은 회사 업무를 수행하는 동시에 업무를 통한 자신의 강점을 만들어 가는 시간이 됩니다. 인사 업무에서 나의 강점을 만드는 시간이기에 일의 효율도 올라가고 업무에 대한 만족도도 배가 되는 효과가 있습니다. 하루에 4시간씩 주 5일이면 일주일에 20시간이 되고 1년이면 대략 1,000시간이 됩니다.

퇴근 후 4시간씩 인사 업무에 관한 책을 읽거나 자료를 정리하며 공부를 한다면 이 역시 1년 후에는 1,000시간이 됩니다. 쉽지 않지만 전혀 불가능한 일도 아닙니다. 이 과정을 통해 미래를 바꾸고 원하는 일을 하며 인생을 살 수 있다면 삶에서 4년 정도는 정말 다시없을 시간이라 생각하고 몰입해 볼 가치가 있습니다.

나머지 시간은 주말 시간을 활용해 채워 봅니다. 토요일 혹은 일요일 중에 8시간을 정해 인사 업무에 관한 학습을 한다면 1년, 즉 50주가 지나면 400시간이 됩니다. 평일과 주말을 모두 합하면 1년에 2,400시간이 되고, 4년이 지나면 9,600시간이 쌓입니다. 4년이면 대략 1만 시간의 투자가 가능해집니다. 이러한 시간 경영 전략을 통해 현재의 시간을 나의 미래 브랜드를 만드는 데 활용할 수 있습니다.

퇴직자를 위한 시간 경영 전략

이미 퇴직해서 아르바이트나 비정규직으로 일하는 경우에도 1만 시간을 만들 수 있습니다. 이때도 1단계 전략으로 필수적으로 분명하고 정확한 목표를 세워야 합니다. 예로 들면 '4년 이내에 이전 직장에서 받은 만큼의 연봉을 버는 강사'로 목표를 정하는 것입니다. 멋진 강사가 아니라 '연봉 6,000만 원의 강사'

처럼 구체적이어야 합니다.

2단계로는 시간을 계획합니다. 낮에는 생업으로 시간을 낼 수 없다고 해도 퇴근 후 4시간씩 주 5일, 50주면 1,000시간이 가능합니다. 주말에 8시간씩 50주면 400시간이 됩니다. 1년이 면 1,400시간, 7년이면 9,800시간이나 되는 현재의 시간을 내 미래 브랜드를 만드는 데 쓸 수 있습니다.

3년 정도 일하지 않아도 경제적으로 버틸 수만 있다면 이번 엔 3단계 전략이 가능합니다. 하루에 12시간씩 주 5일, 50주면 3,000시간이 쌓이고 주말에 8시간씩 50주면 400시간이 됩니다. 1년이면 3,500시간, 3년이면 1만 500시간을 능력 향상에 투자 할 수 있고, 3년이면 연봉 6,000만 원의 강사가 될 수 있습니다.

하고 싶은 일을 이루는 시간 경영 전략

정말 해야 할 일이 있다면, 꼭 하고 싶은 일이 있는데 시간이 없다면, 지금 하던 일을 그대로 하면서 일주일에 20시간을 더 만드는 간단한 전략을 소개합니다. 이 전략에도 두 가지 사전 조건이 있습니다.

첫 번째로는 명확한 목표가 있어야 하며 두 번째로는 수면 시간을 바꾸어야 합니다. 예를 들어 밤 12시부터 오전 7시까지가 수면 시간이라면 이제는 밤 10시부터 오전 5시에 자는 것입니다. 수면 시간의 총량은 바뀌지 않지만 오전 5시에 일어나면 새벽에 2시간이 만들어집니다. 퇴근 후 TV 시청 시간을 줄여 여기서 1시간을 확보합니다. 그러면 하루에 3시간이 만들어지고, 일주일이면 15시간이 가능합니다. 여기에 토요일 혹은 일요일 4시간 정도만 더해도 20시간이 만들어집니다.

시간이 없는 것이 아니라 해야 할 일이 없는 경우가 더 많습니다. 해야 할 일이 생기면 시간은 만들어지기 마련입니다. 따라서 우리가 먼저 해야 할 일은 시간 관리 전략을 배우는 것이 아닌 목표를 정하는 것입니다. 시간 경영 전략을 배우는 것이 아니라 분명한 목표를 정하는 일입니다. 시간 관리는 목표 관리입니다.

어떤 사람은 가난하기에 이를 극복하기 위해 더 노력해 부자가 되고, 어떤 사람은 가난하기에 똑같이 그냥 가난하게 삽니다. 환경을 탓하기 시작하면 끝이 없습니다. 공부도 사업도 직장 생활도 마찬가지입니다. 성공도 포기도 다 내가 하는 것입니다. 환경이나 사회적인 요소 때문에 멈추기보다 내가 멈추기로 결정했기 때문입니다. 세상을 정복하는 것보다 작은 그 마음을 정복하는 것이 더 어렵습니다.

3장

어떻게 더
가치 있는 삶을
만들 것인가?

내가 원하는 인생을 사는 법

밝은 임금은
훌륭한 선비의 이름을 안다

· 강점 ·

군주의 도는 사람을 잘 알아보는 것이고, 신하의 도는 일에 대해 잘 아는 것이다.
그런고로 순임금이 천하를 다스릴 때는 어떤 일을 위해 명을 내린 일이 없으나 모든 일이 제대로 이루어졌다.

主道知人 臣道知事
故舜之治天下 不以事詔而萬物成

주도지인 신도지사
고순지치천하 불이사조이만물성

〈대략편〉 47장

공자께서는 《공자가어》에서 이렇게 말했습니다.

"옛날의 밝은 임금은 반드시 온 천하의 훌륭한 선비 이름을 다 알고 있었다. 그 이름과 실상을 모두 안 다음에 사람에 맞게 벼슬을 주었다. 어진 일이란 사람을 사랑하는 일보다 더 큰 게 없고, 지혜란 어진 사람을 알아보는 것보다 더 큰 게 없고, 현명한 정치란 능력 있는 자를 올려 쓰는 일보다 더 큰 것이 없다."

공자는 제자인 증삼에게 세상에는 세 가지의 지극한 일이 있다고 하면서 어진 일, 지혜로운 일, 현명한 일이 무엇인지를 가르쳤습니다. 순자 역시 "군주의 도는 사람을 잘 알아보는 것이고, 신하의 도는 일을 잘 아는 것이다"라고 말했습니다.

경영은 사람으로 시작해 사람으로 끝난다

적임자를 찾아 적재적소에 쓰는 방법보다 더 큰 성과를 얻을 수 있는 좋은 방법은 없습니다. 나라의 지도자도, 기업의 경영자도 마찬가지입니다. 조직의 규모가 클수록 인재 채용과 적재적소에 인재를 활용하는 것은 더욱 중요합니다. 사람을 사랑하고 이해하는 인성을 갖춘 인재를 제대로 찾아내는 일 이상의 지혜는 없습니다. 사람이 기업을 만들고 국가를 지켜 내고 발전시키는 핵심이기 때문입니다.

현명한 정치도 현명한 경영도 사람으로 시작해 사람으로 끝납니다. 역사를 보면 기울어 가던 나라가 재상 한 명을 잘 등용해 바로선 사례도 있지만 못난 재상을 등용해 잘나가던 국가가 망한 사례도 많습니다. 기업 경영 사례에서도 인재를 하나 잘 채용해 사세가 기울던 회사가 살아난 경우, 엄한 사람을 채용해 잘나가던 조직이 흔들린 경우를 흔히 목격할 수 있습니다.

삼성그룹의 창업자 고(故) 이병철 회장은 《호암의 경영철학》에서 "나는 내 일생 중 80%의 시간은 인재를 모으고 육성하는 데 썼다. 내가 키운 인재들이 성장하면서 두각을 나타내고 좋은 업적을 쌓는 것을 볼 때 고맙고, 반갑고, 아름다워 보인다. '기업은 사람이다'라는 말은 단순히 사람이 귀하고 중하다는 의미일 뿐만 아니라 '기업은 사람을 만드는 곳이다'라는 뜻이다. 회사는 단순히 상품을 생산하고 판매해 이윤을 남기는 조직체가 아니고 인재 양성을 통해 개인과 기업의 발전을 도모하는 사람을 만드는 장이 되어야 한다.

'의인불용(疑人不用), 용인불의(用人不疑)'는 나의 경영 철학 중 하나로 '의심이 가는 사람은 쓰지 말고, 한 번 쓴 사람은 의심하지 말라'는 뜻이다. 해마다 신입 사원을 뽑을 때면 나는 먼 훗날 모든 이가 훌륭한 사장감이 될 수 있으리라는 기대를 품어 본다. 유능한 사원, 곧 내일의 사장감이 될 수 있는 사원의 자질이란 학력이 결정하는 것이 아니다. 가장 중요한 자질은 어디까지나 원만하고 성실한 성품에 있다"라고 말했을 정도로 인재의 중요성을 엄중하게 강조했습니다.

공자는 등용해야 하는 인재상과 뽑은 인재를 관리하는 법을 말했습니다.

한번은 나이 어린 노나라 군주 애공이 칠십 노인인 공자에게 물었습니다.

"사람을 취해 쓰는 법을 가르쳐 주십시오."

이에 공자께서 말했습니다.

"모든 일은 제각기 책임을 맡은 관리에게 일임해야 합니다. 하지만 너무 지나치게 행동이 급한 자는 못 쓰며, 너무 경솔한 자도 못 쓰고, 너무 말 많은 자도 못 씁니다. 행동이 급한 자는 재물을 탐내고 경솔한 자는 일을 어지럽히며 말이 많은 자는 거짓말을 잘합니다. 이런 까닭에 활이란 팽팽하게 당긴 뒤에 힘이 강하기를 바랄 것이며, 말이란 부려 본 뒤에 잘 달리기를 바라야 하며, 선비는 반드시 성실한 뒤에 슬기롭고 재능이 있는 자를 구해야 합니다. 성실하지 못하면서 재능이 많은 자는 승냥이와 이리 같아서 가까이할 수가 없습니다."

《논어》〈위령공편〉19장

어제와 같은
오늘을 사는 이유

내가 나를 바로 아는 것은 어렵습니다. 다른 사람이 나를 제대로 아는 것도 마찬가지입니다. 과거의 나와 현재의 나는 분명히 다른데도 이를 인식하기 쉽지 않습니다. 그래서 나도 모르게 어제와 같은 오늘, 오늘과 같은 내일을 살고 있는지도 모릅니다.

사람은 빈부 고하를 막론하고 평생 일하며 살아갑니다. 대부분 일하지 않고 놀고먹기를 학수고대하지만 그것을 이루는 사람은 거의 없습니다. 설사 놀고먹는다 해도 이를 통해 즐거움과 행복을 만들어 내는 사람 또한 많지 않습니다. 그러니 누구든지 어떤 일이든 해야 하고 또 많은 이가 그렇게 살고 있습니다. 조금 더 경제적인 여유가 생기기를 희망하면서 열심히 살아 내고들 있습니다.

사람들은 이왕 하는 일이라면 조금 더 즐겁게, 더 인정받으면서 행복을 느끼며 일하고 싶어 합니다. 인생 전반에서도 인생 후반에서도 마찬가지입니다. 하지만 그렇게 살기가 참 어렵습니다.

공자께서도 "자기 일을 잘 아는 사람도 자기 일을 좋아하는 사람을 이길 수 없고, 자기 일을 좋아하는 사람도 자기 일을 즐기는 사람을 이기기가 어렵다"라고 말했습니다. 사람이라면 누구나 자기가 하는 일을 좋아하거나 좋아하는 것을 하고 싶어 합니다. 더 나아가 그 일을 즐기고 싶어 합니다. 취미나 오락을 즐기는 것처럼 재미있게 일하고 싶어 합니다.

아는 자를 넘어
즐기는 자가 되는 법

어떤 사람들이 인생 후반에 여행 코치, 부동산 컨설턴트, 스피치 전문가, 헤드헌터, 귀농을 선택했다고 가정해 봅니다. 물론 다른 어떤 일을 해도 마찬가지입니다. 자신의 분야에서 아는 자를 넘어, 좋아하는 자가 되고, 결국 즐기는 자가 되는 방법의 힌트는 바로 다음의 과정에서 얻을 수 있습니다.

1단계인 '아는 자'를 넘어 직업인 혹은 1인 기업가로 우뚝 서려면 과거 자신의 경험을 활용하거나 새로운 학습을 통해 일정한 자격을 얻어 내야 합니다. 이는 누구도 피해 가기 어려운 과정입니다. 이를 거쳐야만 아는 자가 되는 것을 넘어 경제 활동을 시작할 수 있기 때문입니다. 물론 만만한 과정이 아닙니다. 하지만 여기서 멈춘다면 그저 아는 자에 그칠 뿐 경제 활동 방식이 이전과 크게 달라지지 않습니다.

그렇다면 어떻게 2단계인 '좋아하는 자'의 단계로 넘어갈 수 있을까요? '좋아하는 자'가 되기 위한 강력한 도구가 있습니다. 바로 독서, 기록, 정리를 통한 글쓰기 작업입니다. 이는 여행 코치, 부동산 컨설턴트, 스피치 전문가, 헤드헌터, 귀농, 그 어떤 일을 선택했다고 해도 마찬가지입니다. 글쓰기를 통해 전문성을 키우면 일이 더 좋아집니다. 더 많은 책을 읽고 공부하며 연구하면 그 일이 더 좋아집니다. 관련 서적을 읽고 기록해 정리를 해 놓으면 그 일이 더 안정적으로 다가옵니다. 희망이 더 가까워집니다. 그러니 쓰는 일은 자신의 역량을 키우고 도약을 준비하는 일이 됩니다. 물론 '아는 자' 단계에서 멈춘다고 문제가 생기지는 않지만 할 수 있는 일을 좋아하는 일로 만드는 것을 굳이 피해 갈 필요는 없다고 봅니다.

사람들은 자신의 강점을 강화하는 도구로 글을 씁니다. 지금까지의 경험을 버리고 싶다면 그냥 가만히 있으면 됩니다. 시간이 모든 것을 없애기 때문입니다. 지금까지의 경험을 살리고 싶다면 기록으로 남겨야 합니다. 인생의 하프타임에 글을 쓰고 정리하는 사람이 늘어나는 이유이기도 합니다. 10년을 일했다면 10년의 기록을 남기고, 20년을 일했다면 20년의 기록을 남기는 것입니다. 인생의 하프타임에 해야 할 중요한 일 중 하나가 바로 기록과 정리입니다.

마지막 단계인 '즐기는 자'가 되기 위한 도구는 바로 '사람들과의 나눔'입니다. 그간의 내 경험에서 도움을 받을 수 있는 사람들에게 강의나 강연을 통해 내 노하우를 나누어 주는 것입니다. 가고 싶은 곳으로 가서, 하고 싶은 이야기를 하면서, 사람들에게 희망과 방법을 알려 주는 삶으로의 전환이 가능해집니다. 이 과정이야말로 일을 즐기는 단계라고 할 수 있습니다. 자신의 경험을 원하는 사람들에게 전해 주는 일은 가치 있고 행복한 작업이기 때문입니다.

여행 코치, 부동산 컨설턴트, 스피치 전문가, 헤드헌터, 귀농 그 어떤 일이나 직업을 가지고 만든다 해도 독서와 기록을 통한 글쓰기와 강의, 강연은 즐겁고 행복한 삶을 원하는 모든 사람에게 좋은 수단이 됩니다.

우리가 워드와 엑셀을 배우는 이유는 워드와 엑셀 그 자체에 대한 궁금증 때문이 아닌 업무를 효율적으로 할 수 있는 도구이기 때문입니다. 우리가 글쓰기와 강의에 대한 팁을 공부하는 이유는 글쓰기와 강의의 구체적인 방법이 궁금해서라기보다는 이를 이용하면 자신의 강점을 강화하고 행복한 인생을 살 수 있기 때문입니다.

군자는 정의를 앞세우고
소인은 이익을 앞세운다

• 강화 •

의를 앞세우고 이익을 뒤로 미루는 사람은 영예롭고, 이익을 앞세우고 의를 뒤로 미루는 사람은 치욕을 당한다.

先義而後利者榮 先利而後義者辱

선의이후리자영 선리이후의자욕

〈영욕편〉 6장

순자는 영예로운 삶과 치욕적인 삶의 원리를 한마디로 간명하게 정의했습니다.

"정의를 앞세우고 개인적인 이익을 뒤로 미루는 자는 영예롭고, 사적인 이익을 앞세우고 정의를 뒤로 미루는 자는 치욕스럽다. 영예로운 자는 언제나 형통하고 치욕스러운 자는 언제나 궁지에 몰리니, 형통한 자는 언제나 남을 제어하지만 궁한 자는 언제나 남에게 제압당한다. 이것이 영예와 치욕의 구분이다."

《순자》〈영욕편〉 6장

이는 지금도 마찬가지입니다. 정부나 기업이나 개인이나 마찬가지입니다. 공공의 정의를 앞세우고 개인의 이익을 뒤로하는 관료가 행정을 하면 시민들이 행복하고, 시민들이 행복하면 행정 관료는 더 빠른 승진으로 개인적인 이익을 얻습니다.

사원 복지를 앞세우고 개인의 이익을 뒤로하는 사장이 경영하는 기업에 다니는 사원들은 행복해합니다. 사원들이 행복하면 회사는 더 큰 매출을 달성하고 발전해 사장은 더 큰 이익을 얻습니다. 팀원들은 일거수일투족을 관리하는 팀장보다 이끌고 도와주는 팀장을 좋아하고, 그런 팀장과 일하는 팀원들이 더 행복해합니다. 팀원이 행복하면 팀 성과가 커지고, 결과적으로 팀장은 더 큰 이익을 얻습니다.

정의로운 자에게는 언제나 이익이 따라온다

그런데 예나 지금이나 현실은 많이 다른 것 같습니다. 다산 정약용 선생은 《목민심서》 〈율기6조〉 '청심(淸心)'의 첫 장에서 조선 후기의 상황을 이렇게 기록했습니다.

"조선에 청백리로 뽑힌 이가 모두 110명인데, 태조 이후에 45명, 중종 이후에 37명, 인조 이후에 28명이며, 경종 이후로는 이렇게 뽑는 일마저 끊어져서, 나라는 더욱 가난해지고 백성은 더욱 곤궁해졌으니 어찌 한심스럽지 않겠는가. 400여 년 동안 관복을 갖추고 조정에 벼슬한 자가 수천 명, 수만 명이나 되는데 청백리에 뽑힌 자가 겨우 이 숫자에 그쳤으니 역시 사대부의 수치가 아니겠는가."

의를 앞세우고 이익을 뒤로 미루는 것은 매우 어려운 일임에 틀림없습니다. 사람들이 리더들에게 조금 더 엄중한 잣대를 가져다 대는 이유는 자명합니다. 조직과 사회에 미치는 리더의 영향력이 매우 크기 때문입니다. 한 사람의 리더가 조직을 좌지우지할 수 있기 때문입니다.

그러니 의를 앞세울 자신이 없다면, 의를 앞세울 수 있는 자질이 부족하다면 리더의 자리를 탐해서는 안 됩니다. 조직은 물론 자신 역시도 치욕을 당할 것이기에 그렇습니다. 당장은 개인적인 욕심에 눈이 가려져 모르겠지만 결국에는 치욕을 당한다는 사실을 깨달을 것입니다.

순자는 타고난 재능과 성품 및 지능은 군자나 소인이나 똑같다고 말했습니다. 영예를 좋아하고 치욕을 싫어하며, 이로움을 좋아하고 해로움을 싫어하는 것은 군자나 소인이나 다르지 않다고 했습니다. 단지 그들이 추구하는 방법이 다를 뿐이라고 말했습니다.

"소인은 허망한 일에 힘쓰면서도 남들이 믿어 주기를 바라고, 속이는 일에 힘쓰면서도 남들이 자기와 친해지기를 바라며, 짐승같이 행동하면서도 남들이 자기를 착하다고 여겨 주기를 바란다. 생각하는 것은 이해하기 어렵고 행동은 안정되기 어렵고 처신은 바로서기 어렵다. 마침내는 그가 좋아하는 것을 얻지 못하고 그가 싫어하는 것을 반드시 맞이할 것이다.
군자는 신의가 있으면서도 남이 자기를 믿기 바라고, 충실하면서도 남이 자기와 친해지기를 바라며, 올바르게 몸을 닦고 분별 있게 일을 처리하면서 남들이 자기를 착하다고 여기기를 바란다. 생각하는 것은 이해하기 쉽고, 행동은 안정되기 쉬우며, 처신은 바로서기 쉽다. 마침내 그는 좋아하는 것을 반드시 얻게 되고, 그가 싫어하는 것을 반드시 만나지 않게 될 것이다."

《순자》〈영욕편〉 8장

직장인들은 대개 비슷한 패턴의 경력을 이어 나갑니다. 기업 규모와 업무의 차이는 존재하나 학교를 졸업하고 조직에 들어

가서 일하는 패턴은 크게 차이 나지 않습니다. 퇴직하기 전까지 조직 안에서 빠른 승진과 높은 연봉을 원하는 것은 일 잘하는 사람이나 일 못하는 사람이나 마찬가지입니다. 퇴직 후에 느끼는 감정 또한 크게 다르지 않습니다. 조직에 있을 때 조금 더 전략적으로 시간을 보내지 못하고 강점을 더 키우지 못했음을 아쉽게 생각합니다.

퇴직 전이나 퇴직 후나 직장인이 느끼는 것은 대동소이합니다. 그런데 어떤 사람은 오십에 만족하는 삶을 일구어 내고, 어떤 사람은 만족하지 못하는 오십의 삶에 힘들어합니다. 그들의 만족과 불만족의 차이는 단지 그들이 추구하는 방법의 차이에서 옵니다.

한 가지에 집중해야 전문가가 된다

앞서 말했듯 어떤 일을 10년 넘게 했거나 조직 생활을 20년이나 했는데도 스스로 강점이 없다는 생각이 든다면 그 원인은 능력이 없어서도, 업무가 시원찮아서도, 시간이 없어서도, 환경이 열악해서도, 가족이 말려서도, 생각이 없어서도 아닐 것입니다. 단지 강점을 강화하는 프로세스를 잘 몰랐기 때문일 확률이 더 높습니다.

강점을 강화하는 방법으로 글쓰기만큼 효율적인 것도 없습니다. 구슬도 꿰어야 보배이듯 글쓰기는 흩어진 정보의 조각들을 잇는 작업, 그 정보를 하나하나 꿰어 보배를 만드는 작업입니다. 글쓰기가 전문가가 되는 충분한 조건은 아니지만 필요한 조건임에는 분명합니다. 어느 날 갑자기 세상에 등장하는 전문가나 유명인은 없습니다. 시간을 거치지 않거나 시간을 농축하지 않은 유명인은 없습니다.

'전문가가 아닌 상태'는 '아직 전문가가 되기로 선택하지 않은 상태'와 같습니다. 집중의 폭을 줄이지 않았다는 말입니다. 전문가는 많은 것을 포기하는 사람입니다. 예를 들어 커피 하나만 남기고 나머지 많은 것을 포기하는 사람이 커피 전문가가 되기 쉽습니다. 자신의 학력도 천성도 성격도 경제력도 아닌 커피를 선택해 배우기로 한 사람이 전문가가 되기 쉽습니다.

보통 사람을 비범하게 만드는 방법, 평범한 직장인을 비범한 전문가로 만드는 방법, 일상의 업무를 특별한 강점으로 만드는 방법이 있다면 과연 무엇일까요? 사람의 가치를 올리는 누구에게나 적용 가능한 확실한 기술, 그것은 바로 '배움'입니다. 세상은 생각대로 되기도 하지만 배운 대로 되는 경우가 훨씬 더 많습니다. 직장과 사회는 학교보다 더 큰 가르침을 주는 곳이기도 합니다.

그런데 사람들이 글쓰기에 관해 착각하는 것이 하나 있습니다. 좋은 글을 쓰려면 일단 글 솜씨가 좋아야 한다고 생각하는 것입니다.

만약 시를 쓴다면 맞는 말입니다. 소설이나 연극 대사를 쓰는 작업은 분명 글을 잘 써야 가능한 부분이 있습니다. 하지만 세상의 모든 글이 모두 문학이나 시나리오는 아닙니다. 글 잘 쓰는 작가들만 글을 쓰는 시대는 이미 지났습니다. 글쓰기에 어색한 사람들도 쓰기에 도전하는 시대가 되었습니다. 이미 많은 사람이 글쓰기에 도전하고 있습니다. 글쓰기 전문가도 많지만 비전문가도 많습니다. 어떤 분들은 이렇게 말합니다.

"두 장짜리 보고서도 낑낑대며 겨우 쓰는데, 어떻게 계속 글을 쓸 수 있나요?"

저는 오히려 "그러니까 글쓰기를 해야 합니다"라고 대답합니다. 글쓰기를 하면 글 솜씨가 좋아집니다. 글을 잘 쓰기 때문에 글을 쓰는 것이 아니라 글을 쓰기 때문에 글 솜씨가 좋아집니다. 그리고 글 솜씨는 글을 많이 읽을수록 좋아집니다. 즉 글을 쓰려면 책을 많이 읽어야 합니다. 다독과 정독을 해야 합니다. 많은 책을 정확하게 읽다 보면 자기도 모르게 좋은 글이 나오기 시작합니다.

더 좋은 글을 쓰기 위해서는 무엇을 해야 할까요? 좋은 글을 읽으면 됩니다. 향을 든 손에서는 향내가, 생선을 든 손에서는 비린내가 나는 이치와 같습니다.

글을 계속 쓴다는 것은 좋은 책을 많이 읽는다는 의미입니다. 단언컨대 이 세상에 책을 읽지 않고 글을 쓰는 사람은 한 명도 없을 것입니다. '좋은 글을 쓴다'란 '좋은 책을 많이 읽어 글 솜씨를 늘린다'는 뜻입니다.

글 솜씨가 없어 글쓰기를 시작하지 못하는 사람이 있다면 글 솜씨가 없어도 글쓰기를 하는 사람도 많습니다. 그러니 "글 솜씨가 없어 글을 못 쓰겠습니다"라는 말은 그럴듯한 핑계에 지나지 않습니다. 솔깃한 핑계에 불과합니다. 전문성이 없다고 글쓰기가 불가능한 것이 아닙니다. 글을 쓰면서 전문가가 되는 전략이 훨씬 더 현실적이고 매력적입니다.

군자는 재능이 있어도 없어도 좋다

• 성실 •

공정하면 총명함을 낳고, 편벽하면 어리석음을 낳는다.
바르고 성실하면 형통함을 낳고, 거짓으로 속이면 궁색함을 낳는다.
정성되고 신의가 있으면 신묘함을 낳고, 허풍을 떨며 남을 속이면 미
혹됨을 낳는다.

公生明 偏生闇
端慤生通 詐偽生塞
誠信生神 夸誕生惑

공생명 편생암
단각생통 허위생색
성신생신 과탄생혹

〈불구편〉 12장

순자는 하나라를 세운 우임금 같은 성군이 되는 세 가지 기

준이 있다고 말했습니다.

"공정하면 총명함을 낳고, 바르고 성실하면 형통함을 낳고, 정성과 신의가 있으면 신묘함을 낳는다."

특별하지 않고 공정하기만 해도 성군이 될 수 있으며, 바르고 성실하면 만사가 바르고 형통하게 풀리고, 신기하고 신통해 보이는 일도 정성과 신의로 만드는 것이지 다른 특별한 방법이 있는 것이 아니라는 뜻입니다.

이어서 순자는 하나라를 망국으로 이끈 걸왕 같은 폭군을 낳는 세 가지 행동을 들었습니다.

"편벽하면 어리석음을 낳고, 거짓으로 속이면 궁색함을 낳고, 허풍을 떨며 남을 속이면 미혹됨을 낳는다."

생각이나 사고가 한쪽으로 치우치거나 정상에서 벗어난 사람은 어떤 일이든 그르치기가 쉽습니다. 다른 사람들은 그런 사람을 우매하고 어리석다고 생각합니다. 사고가 편협한 사람은 순간의 위기를 모면하기 위해 하나를 속입니다. 하나를 속이면 또 다른 거짓을 만들 수밖에 없기에 상황은 점점 더 곤란해집니다. 결국 실상과 다르게 부풀리거나 헛된 것을 그럴듯하게 포장해 다른 사람을 속이며 정신을 차리지 못하는 지경에까지 이릅니다.

재능 없는 리더는 있어도
덕 없는 리더는 없다

앞서 말한 여섯 가지가 바로 성군과 폭군뿐만 아니라 훌륭한 정치인, 말뿐인 정치인, 훌륭한 경영인, 허울뿐인 경영인, 훌륭한 리더, 리더답지 않은 리더를 가르는 기준입니다.

순자는 "공정함은 총명함을 낳기에 공정한 선비는 아랫사람들과 붕당을 이루어 군주를 어둡게 만들지 않고, 군주가 하는 대로 따라서 백성을 괴롭히지 않으며, 군주와 백성 사이의 올바른 위치에서 다툼을 해결하고, 사사로움으로 남을 해치지 않는다"라고 일렀습니다.

공정한 관료 혹은 정치인이란 무리를 이루어 최고 위정자를 어둡게 만들지 않고, 최고 위정자를 따라서 국민을 괴롭히지 않으며, 자신의 위치에서 다툼을 해결하고, 개인의 사사로움으로 정적이나 힘없는 시민을 해치지 않는 자를 말합니다. 이에 반한다면 허울만 그럴듯한 관료와 정치인일 뿐입니다.

바름과 성실함은 통달함을 낳기에 바른 선비는 위로는 군주를 받들고 아래로는 백성을 사랑으로 돌보며, 자기 주변의 물건들을 적절한 곳에 사용하고, 주변에 일어나는 일들을 잘 분별해 해결합니다. 성실한 선비는 말에 신의가 있고, 행동에는 신중함이 있으며, 세속에 흔들리는 걸 두려워하지만 감히 자기만이 옳다고 내세우지 않습니다.

바른 공직자나 바른 정치인은 위아래로 국민을 받들고 사랑으로 돌보며, 자기 주변의 물건들을 적절한 상황과 장소에 사용하며 주변에서 일어나는 일들을 잘 분별해 해결합니다. 성실한 공직자나 정치인의 말에는 신의가 있고, 행동에는 신중함이 있으며, 세속에 흔들리는 걸 두려워하지만 감히 자기만이 옳다고 내세우지 않는 사람입니다.

또 순자는 군자와 소인의 구분하는 기준에 대해서도 이렇게 덧붙였습니다.

"군자는 재능이 있어도 없어도 좋다. 재능이 있으면 관대하고 온화하며 정직한 품성으로 사람들을 계발하고 인도하며, 능력이 없으면 공경하고 겸손한 태도로 다른 사람들을 정으로 섬긴다. 그러므로 군자에게 재능이 있으면 사람들은 그에게 배우는 것을 기뻐하고, 재능이 없으면 그에게 일러 주는 것을 기쁘게 생각한다.

소인은 재능이 있어도 없어도 추하다. 재능이 있으면 멋대로 오만하고 그릇된 일을 하면서 남에게 교만하게 행동하며, 재능이 없으면 질투하고 원망하고 비방하며 사람들을 쓰러트리려 한다. 그러므로 소인에게 재능이 있으면 사람들은 그에게 배우는 것을 비천하게 여기고, 재능이 없으면 그에게 일러 주는 것을 부끄럽게 여긴다."

《순자》〈불구편〉 3장

서툴게 쓰는 사람은 있어도
쓰지 못하는 사람은 없다

바름과 성실함이 형통함을 낳는다고 했습니다. 글쓰기도 마찬가지입니다. 글쓰기를 할 때 정성을 쏟지 않는 사람에게는 글쓰기가 어려울 수밖에 없습니다. 글 솜씨가 좋지 않고 문장력도 서툴고 전문성도 없다면 더욱 그렇습니다. 올림픽 금메달을 목에 걸었거나 자동차를 1년에 수천 대씩 팔아 판매왕이 된다면 그럴듯한 글쓰기에 더 유리할 수도 있지만, 이러한 조건이 꼭 필요하지는 않습니다.

강점을 가지고 글을 쓰는 것이 아니라 강점이 없기에 글을 써야 합니다. 글쓰기를 통해 나의 강점을 발견하는 것입니다. 예를 들어 커피에 관심이 있는 누군가가 관련 책 10권을 읽고 관련 칼럼 20개를 읽는다면 어떨까요? 지금까지 아메리카노만 마셨다면 한동안은 다른 커피를 마시고 사진을 찍어 그 느낌을 한 장의 글로 남기면 커피에 대한 전문성이 생길 것입니다.

이왕 가는 여행에 커피 여행이라는 명목을 붙이면 전국의 유명한 커피숍을 하나둘 알게 될 것입니다. 가는 곳마다 사진을 찍고 느낌을 한 줄 한 줄 기록한다면 이것들이 좋은 글의 소재가 됩니다. 커피를 마시고 향을 느끼면서 그곳만의 특징을 기록하는 것도 좋은 방법입니다.

배우기 위해 하는 공부보다 가르치기 위해 하는 공부의 효과가 더욱 좋습니다. 글도 마찬가지입니다. 읽는 공부보다 쓰는 공부의 효과가 더욱 좋습니다. 가장 좋은 공부는 써 보는 것입니다. 잘 알지도 못한 채 글을 쓰는 것이 얼마나 어려운지는 글을 써 본 사람이면 누구나 공감하는 일입니다. 그래서 좋은 글을 쓰는 사람들은 치밀하게 준비하고 공부합니다. 글을 잘 써서 좋은 글을 쓴다는 이야기가 아닌 준비를 잘해서 좋은 글을 쓰는 작가라는 소리를 듣는 것입니다.

처음부터 《카라마조프의 형제들》 같은 소설이나 아름다운 시집을 낼 수는 없습니다. 《고도를 기다리며》 같은 희곡을 쓰기란 정말 쉽지 않습니다. 아무나 할 수 있는 일이 아닙니다. 하지만 자신이 그간 경험했던 업무를 바탕으로 글을 쓰는 일은 누구나 시작할 수 있습니다. 인사 업무를 하고 있거나 했다면 면접에 관한 글을, 영업 업무를 하고 있거나 했다면 사람을 상대하는 기술에 관한 글을, 국립 공원에서 근무하거나 일했다면 국립 공원에 관한 글을 써 보는 전략입니다.

그 일을 한 전문가이기 때문에 가능합니다. 면접 노하우에 관한 한 편의 글을 쓰는 것이, 사람을 상대하는 기술에 관한 한 편의 글을 작성하는 것이, 국립 공원에 관한 한 편의 글을 완성하는 그것이 바로 강점을 강화하는 기술이자 강점 강화의 시작입니다.

사람은 한 가지를 바탕으로
1만 가지를 안다

• 분별 •

사람이 사람이라 할 수 있는 근거는 무엇인가?
그것은 분별력이다.

人之所以爲人者 何已也
以其有辨也

인지소이위인자 하이야
이기유변야

〈비상편〉 6장

예(禮)의 근원을 설명하는 순자의 논리는 명료합니다. 순자는
사람과 동물의 가장 큰 차이점으로 분별 능력의 차이를 들었습
니다.

예는 곧
분별력이다

머리, 몸통, 팔다리의 구성으로만 보면 사람이나 원숭이나 차이가 없지만 원숭이와 달리 사람에게는 분별 능력이 있다는 것입니다. 순자는 사람에게 필요한 예의 근원을 사람과 동물의 차이를 들어 설명합니다.

> "새나 짐승에게도 아비와 아들은 있지만 아비와 아들 사이에 친밀한 윤리는 없으며, 암수가 있어도 암수를 분별하는 윤리는 없다. 그러나 사람의 도에는 분별이 있다. 분별에는 분수보다 더 큰 것이 없으며, 분수에는 예의보다 더 큰 것이 없다. 예의는 성왕(聖王)보다 더 큰 것이 없다. 가까운 것을 바탕으로 먼 것을 알고, 한 가지를 바탕으로 1만 가지를 알며, 작은 것을 바탕으로 큰 것을 아는 것이다."
>
> 《순자》〈비상편〉 6장

예를 설명하기 위해 가장 먼저 '분별하다', '분명히 하다'는 뜻의 변(辨)을 이야기했습니다. 동물과 달리 사람에게는 분별 능력이 있는데, 이는 '분수를 아는 것'을 뜻합니다. 그러니 사람으로서 자기 분수를 모르고 사는 것은 동물과 다를 바가 없다는 뜻입니다.

분수를 지키는 것이 곧 예입니다. 순자는 "예를 지키기 위한 최고의 방법은 옛날 백성을 훌륭하게 이끈 현명한 임금들의 법도를 따르는 것인데, 지금은 옛 임금은 없으니 현세의 임금을 따르는 것이 최선이다"라고 말합니다. 이는 분별력이 있어야 인간으로 일어설 수 있다는, 즉 예가 있어야 사람 구실을 제대로 할 수 있다는 뜻으로 공자의 사상과 별반 다르지 않습니다. 순자는 말합니다.

"1,000년 전의 일을 알고자 한다면 오늘 일부터 잘 살펴야 하며, 1만 가지 일을 알고자 한다면 한두 가지 일부터 살펴야 하며, 옛날 시절을 알고자 한다면 주나라의 도(道)부터 살펴야 하며, 주나라 도를 알고자 한다면 주나라 사람들이 존귀하게 여긴 군자에 대해 살펴보아야 한다."

이는 곧 가까운 것을 바탕으로 먼 것을 알고, 한 가지를 바탕으로 1만 가지를 알며, 작은 것을 바탕으로 큰 것도 알게 된다는 뜻입니다.

책 한 권을 쓰면 인생 후반이 보인다

"사람이 사람 구실을 제대로 하기 위해서는 예를 지켜야 한다"는 공자와 순자의 말처럼 인생의 하프타임에 꼭 한 번 짚고 넘어가야 할 것이 있습니다. 바로 그간의 경험과 이력을 바탕으로 한 자신의 강점을 강화하는 글을 쓰는 것입니다. 한 권의 책을 만들 정도로 글을 쓴다면 더욱 좋습니다. 글쓰기는 책 쓰기의 다른 말이기도 합니다. 어떤 일관성 있는 주제를 가지고 글쓰기를 계속한다면 이것이 곧 책 쓰기이기 때문입니다.

나이 오십 즈음에 개인 브랜드를 만들기란 쉽지 않습니다. 석박사 학위를 취득하기도 말처럼 쉽지 않습니다. 학비도 학비대로 많이 필요하지만 짧게는 2년, 5년 길게는 10년을 공부해야 하는데 이것 역시 만만치 않기 때문입니다. 직장과 병행하는 것은 더욱 어렵습니다.

경연 대회에 나가 하루아침에 스타가 되는 경우는 그야말로 극소수에 불과합니다. 별 노력 없이 갑자기 스타가 된 것처럼 보여도 5년, 10년, 20년을 넘어지고 엎어지면서, 긴 고통의 시간을 넘어서서 이룬 경우가 보통입니다. 도움을 청할 훌륭한 스승을 찾아내는 것도 찾아가는 것도 쉬운 일이 아닙니다. 이때 지속적인 글쓰기를 통해서 한 권의 책을 만드는 것이 더 빠르고 쉬운 공부와 브랜딩 방법입니다.

글쓰기를 통해 한 권의 책을 내는 일은 매우 경제적입니다. 학위 취득처럼 오랜 시간을 요구하지도 않고 많은 경비를 요구하지도 않습니다. 대회에 나가기 위해 심한 훈련을 하지 않아도 가능한 일입니다. 훌륭한 스승을 꼭 모시지 못해도 가능한 일입니다.

'할 수 있는 일을 하자'와 '하기 힘든 일을 해야만 한다'는 분명히 다른 말입니다. 저서를 낸다고 해서 모두에게 브랜드가 생기는 것은 아니지만 자기 브랜드를 만드는 데 저서 출간만한 것이 없습니다. 시간과 돈을 투자해 학위를 따는 것도 좋은 방법이지만 한 분야에서 오랫동안 일하면서 자기 브랜드를 만들어 가는 것이 현실적입니다.

나라는 한 가지를 알수록 세상은 1만 가지로 확장된다

사람이 책을 쓰지만 오히려 책이 사람을 말하고, 사람을 만듭니다. 책이 그 사람의 브랜드가 됩니다. 글이 그 사람에게 새로운 사람을 연결해 주고 네트워크를 넓혀 줍니다. 내 안의 흩어진 정보가 책을 통해 지식이 되고 정리된 정보의 가치는 높아집니다. 책으로 성취를 이룰 수 있으며 책으로 사람들과 연결되고, 책으로 스스로 계발하고 발전합니다. 글쓰기, 더 나아가 책을 쓰는 것은 특별한 훈련을 겸한 교육으로 힘든 일이 아닌 행복한 작업입니다. 책을 통해 새로운 기회가 생기기도 합니다. 책을 쓴다는 것은 확실히 남는 장사임에 틀림없습니다.

책 쓰기는 지금까지와 다른 사람들을 만나는 통로입니다. 즉 새로운 세상이 열리는 계단이기도 합니다. 어떤 사람은 나에게 책을 들고 찾아오고, 어떤 이는 책을 읽고 메일을 보내 줍니다. 독자들의 블로그에 내 책에 대한 서평이 실리고, 많은 인터넷 카페에 책 사진과 글이 올라옵니다. 어떤 독서 모임에서는 저자 강연을 요청하기도 하고, 저자 사인회를 열어 주기도 합니다. 책을 보고 강연을 부탁하는 사람도 있고, 강연을 하면 일간지에서 내 이름을 발견할 수도 있습니다.

이렇듯 '책을 쓴다'는 '새로운 사람들을 만나는 시도를 한다'는 뜻이기도 합니다. 사람에게는 사람이 필요합니다. 굳이 인맥을 넓힐 필요가 없다고 해도 우리의 삶에는 가끔 새로운 사람이 필요합니다. 행복한 삶을 만들어 가기 위해 사람들의 도움이 필요하기도 합니다.

지금까지 내가 살던 세상과 연고가 없었던 사람이 다가온다면 오히려 그 사람과 더욱 좋은 인연으로 발전할 수 있습니다. 그는 나의 미래만을 보고 찾아오는 인연이기 때문입니다. 나의 과거를 촘촘하게 따지지 않고 함께 만들어 갈 미래만을 그리며 다가오기 때문입니다. 그만큼 무거운 책임감이 함께 오는 것으로 볼 수도 있지만 내 안에 그만한 무게를 질 능력이 자라고 있음을 느끼게 해 주는 인연입니다.

또한 책에는 확장성이 있습니다. 책을 통해 만나는 사람이 많아지고, 책을 기점으로 저자의 꿈이 확장되며 독자의 꿈이 커 나갑니다. 책을 통해 만남의 기회가 많아집니다. 책은 만남의 좋은 매개체이기 때문입니다. 오십의 인생을 이만큼 삶을 재미있게 만드는 일도 드물다고 생각합니다.

한 사람의 꿈이 저서를 거치면서 만인의 꿈이 되기도 합니다. 작은 희망이 저서를 거치면 지구를 희망으로 부풀리는 마법이 되기도 합니다. 저자의 꿈은 독자의 꿈으로 전이되며 독자들의 꿈은 더 많은 사람의 꿈으로 퍼져 나갑니다. 이것이 한 권의 책이 가지는 확장성입니다.

과녁의 정중앙에
화살촉을 일치시켜라

• 정성 •

정성은 군자가 지켜야 할 것으로 정치의 근본이다.

夫誠者 君子之所守也 而政事之本也

부성자 군자지소수야 이정사지본야

〈불구편〉 9장

정성(精誠)은 참되면서도 성실한 것으로 지성(至誠)이라고도
합니다. 순자는 성(誠)을 강조했습니다. 이에 대한 이해를 돕기
위해 공자의 손자인 자사가 말한 성(誠)에 관한 이야기를 잠깐
들려드리겠습니다.

중간이 아닌
중앙으로 가라

성은 사서삼경의 하나인 《중용》의 중요한 주제였습니다. 자사의 저서로 알려진 《중용》은 예에 대한 기록과 해설이 담긴 《예기》의 31편이었는데, 송나라의 유학자 주자가 이를 특별히 '중용'이라고 부르면서 《대학》, 《논어》, 《맹자》와 더불어 유교의 사서(四書)가 되었습니다. 총 33장으로 구성된 《중용》은 1장부터 20장까지는 공자의 말을 통해 중용에 관한 개념을 체계적으로 정리했으며, 21장부터 33장까지는 자사의 성론(誠論), 즉 성(誠)에 대한 개념을 정리했습니다.

중용(中庸)의 중은 '가운데' 혹은 '중간을 간다'는 의미가 아니라 '시중(時中)', '적중(的中)', '집중(執中)'의 중으로 해석해야 합니다. 먼저 시중이란 '모든 일에는 다 적절한 때가 있으니 때를 맞추어라'는 뜻입니다. 삶에는 시기가 중요한 경우가 많기에 때를 잘 맞추는 것이 중요합니다. 다음으로 적중은 '궁사는 화살 시위를 당길 때 과녁의 정중앙에 화살촉을 일치시킨다'는 뜻입니다. 즉 일과 목표를 정확히 일치시켜 추진하려는 정성과 노력을 의미합니다. 어떤 일이든 문제의 핵심을 잡고 흔들어야 쉽게 풀리기 때문입니다. 집중 역시 '일의 본질이나 핵심에 근접하려는 노력'을 말합니다.

《중용》에서 자사가 강조한 성(誠)이란 무엇일까요? 중용적

인간은 지성적 인간으로, 지성이란 '지극히 참되고 성실한 것'을 말합니다. 자사는 "오직 천하의 지극한 성(誠)만이 자기의 타고난 천성과 본성인 성(性)을 온전히 발현할 수 있다"라고 말합니다. 인간은 원래 선한 심성을 가지고 있기에 참되고 성실하게 임한다면 누구나 그 본성에 따라 긍정적이고 발전적인 삶을 만들 수 있다는 뜻입니다. 쉽게 말해 착하고 열심히 살면 행복한 삶을 살 수 있다는 의미입니다. 자사에 따르면 참되고 성실한 사람이 바로 중용을 실천하는 사람이라 할 수 있습니다.

> "성실은 군자가 지켜야 할 것이며 정치의 근본이다. 성실하면 그와 비슷한 사람이 모여든다. 성실하면 일에 성공하지만 성실을 버리면 일에 실패한다. 성실하게 일을 하면 일이 가벼워지고, 일이 가벼워지면 행하기 쉽고 행함을 멈추지 않으면 일을 이루게 되며, 일을 이루게 되면 재능을 다해 언제까지 일을 계속해도 처음 상태로 되돌아가지 않는데 이는 이미 변화했기 때문이다."
>
> 《순자》〈불구편〉 9장

순자도 성(誠)을 강조합니다. "군자가 마음을 수양하는 데는 정성보다 더 좋은 것이 없다. 정성을 다하면 다른 사고가 나지 않을 것이다. 오직 인(仁)을 지키고, 오직 의(義)를 행해야 한다. 정성의 마음으로 인을 지키면 그것이 겉으로 나타나고, 그것이 겉으로 나타나면 신묘해지고, 신묘해지면 사람들을 교화할 수가 있다. 정성의 마음으로 의를 행하면 조리가 서고, 조리가 서면 모든 것이 분명해지고, 분명해지면 사람들을 훌륭하게 변화시킬 수 있다"라고 말입니다.

새로운 출발의 원동력, 정성

국가를 경영하는 위정자와 기업을 경영하는 경영자에게 가장 필요한 덕목 중 하나가 바로 정성입니다. 오십에 이르러 남은 인생을 이끌어 가야 할 개인에게도 마찬가지입니다. '참되고 성실하게 산다'는 뜻의 중용이라는 결과를 만들어 내는 원동력이 바로 정성이기 때문입니다.

오십 즈음에 글을 쓰는 데 정성을 쏟는다면 오십은 인생 전반의 종착역이자 인생 후반의 출발역이 될 것입니다. 어느 분야에서든 특별한 성과를 냈다면 한 권의 책을 쓰고 싶다는 생각이 드는 것이 당연합니다. 어떤 조직에서 꾸준하게 일했거나 어떤 업무를 오랫동안 했다면 당연한 흐름으로 '이곳에서의 경험을 엮어 한 권의 책을 내 볼까?'라고 생각할 수 있습니다. 한 분야에서 5년 넘게 집중해서 일했다면 그 과정과 결과를 정리해 한 권의 저서로 내고 싶은 것이 당연한 일일지도 모릅니다.

지난 경험을 글로 정리하는 것은 많은 사람에게 필요한 일입니다. 자신과 타인 모두에게 매우 가치 있는 일입니다. 잘 정리한 한 권의 책은 인생 전반을 살아온 나에게 '어떻게 인생 후반을 살 것인가?'에 대한 답을 알려 주기 때문입니다. 이는 새로운 도전의 모티브가 되기도 하며, 새로운 직업의 시작이 되기도 하고, 가장 강한 자신의 콘텐츠가 됩니다. 의미 있는 어떤 것을 효과적으로 전달하기 위한 멋진 도구입니다.

책 쓰기는 누군가에게 긍정적인 영향을 미치는 통로이기도 합니다. 제2의 인생을 멋지게 설계하고 싶다면 인생의 하프타임에 쓰는 한 권의 책이 답일 수 있습니다. 내 지식이 누군가에게는 새로운 세상의 문을 열어 주기 때문입니다. 지난 경험을 글로 남기는 작업은 누군가에게는 새로운 가능성을 보여 주고, 누군가에게는 새로운 직업의 시작을 주며, 누군가에게는 새 일을 만들어 주는 시작점입니다.

새로운 과녁으로 날아가는 나이

반도체 칩을 현미경으로 들여다보면 상상 이상으로 정교하게 이루어진 거대한 미세 회로의 세계를 만날 수 있는데, 렌즈를 통해 볼 수 있는 것은 반도체 표면이지만 실제로는 그 아래에 5층, 10층, 20층의 지하 회로가 정교하게 축적되어 있습니다. 이를 집적 회로라고 부르는데 글을 쓰고 더 나아가 한 권의 책으로 만드는 일은 하나의 반도체 칩을 만드는 과정과 비슷합니다. 책 한 권 분량의 글을 쓰는 것은 하나의 목적을 위해 수많은 정보를 중복 없이 정교한 글자의 도시를 만드는 작업이기 때문입니다. 즉 한 권의 책은 생각의 집적이며 경험의 집적이고 정보의 집적입니다.

글을 쓰기 위해서는 그 주제에 대한 정보를 최대한으로 수집해야 합니다. 그 수집한 정보를 체계적으로 쌓아 올려야 합니다. 3층 집으로 지을지 5층 집으로 지을지는 저자의 마음이지만 1층은 기초가 되어야 하며, 2층은 1층을 기반으로 해야 하며, 3층은 1층과 2층을 기반으로 건축되어야 합니다. 책을 쓰는 일은 흩어진 많은 자료와 정보를 모아 정성으로 쌓아 올리는 작업입니다. 한 층 한 층 반도체를 쌓아 올리듯, 5층 건물 혹은 10층 건물을 쌓아 올리듯 활자와 문장을 올리는 작업입니다.

우리는 정보의 집적 활동을 통해 많은 것을 얻을 수 있습니다. 흩어진 정보를 정리하며 평소 무관심했던 자료가 소중하다는 것을, 평소 무가치하게 느끼던 자신의 소소한 경험들이 정말 가치 있었다는 사실을 깨닫습니다.

무엇이든 쌓아 올리는 작업에는 정성이 들어갑니다. 한 권 분량의 글을 쓰는 것은 오십 이후를 살아갈 원동력인 정성을 모으는 과정입니다. 반도체를 만드는 엔지니어들은 머리카락 두께의 1,000분의 1, 1만 분의 1의 폭을 줄이기 위해 싸웁니다. 정성 없이 만들어지는 가치 있는 결과물은 없습니다. 정성 없이 만들어지는 인생 후반도 없습니다.

3개월이든 6개월이든 2년이든 5년이든 정성 없이 만들어지는 책은 없습니다. 내가 만드는 한 권의 책에는 나의 많은 것이 녹아들 수밖에 없습니다. 즉 오십 즈음에 한 권의 책을 쓴다면 오십은 인생의 종착역이자 출발역이 됩니다. 지금까지의 경험을 쌓아서 한 권의 책을 만들었다면 당분간 그것은 나의 종착역이 될 것입니다. 글을 쓰며 정보를 집적하는 과정을 통해 작가는 내 안에 흩어진 '나'라는 존재가 명확히 하나로 통합하는 것을 느낍니다. 이제까지의 인생을 기록하고 마지막 페이지에 현재를 적으며 지금을 인생의 종착역으로 느끼기도 하지만, 오히려 그곳이 바로 새로운 출발역임을 깨닫습니다.

나의 말을
보물처럼 여기게 만들어라

· 설득 ·

말로 설득하려면 공손하며 엄숙하고 장중한 태도로 접근하고, 정직하고 진실한 마음으로 대하고, 굳건하고 강한 의지로 소신을 지키고, 비유를 들어 가며 깨우쳐 주고, 조목조목 사리를 분별해 밝히고, 온화한 태도로 인도하면서 뜻을 이해시켜야 한다.

그리하여 나의 말을 보물처럼 여기고, 진귀하게 여기고, 귀중하게 여기고, 신묘히 여기게 해야 한다.

그렇게 하면 언제나 받아들여지지 않는 일이 없을 것이다.

談說之術 矜莊以苣之 端誠以處之 堅彊以持之 譬稱以喩之 分別以明
之 欣驩芬薌以送之
寶之 珍之 貴之 神之
如是則說常無不受

담세지술 긍장이이지 단성이처지 견강이지지 비칭이유지 분별이명지 흔
환분향이송지
보지 진지 귀지 신지

  누군가를 설득하는 일은 매우 어렵습니다. 아무리 가까운 사이여도 나와 생각이 다르다면 정성을 들이지 않고는 나에게 동조하게 만들기가 불가능합니다. 특히 명함을 내려 둔 오십의 중년에게는 더욱 만만한 일이 아닙니다. 조직에서의 구력만으로도 다른 사람을 쉽게 설득할 수 있으리라 생각하지만 실제로는 다릅니다.

  조직에서야 상사가 도와주고 부하 직원들이 있었기에 가능했습니다. 팥으로 메주를 만들어 오라고 해도 며칠 밤낮을 고민하며 성공하기 위해 노력하는 부하 사원들의 노력 덕분에 설득할 수 있었지만, 조직을 떠난 오십 중년의 설득력은 그야말로 바닥을 칩니다. 수십 년째 한집에 사는 배우자나 자식조차 내 의견에 동의하게 만들기 어려운데 누구를 설득할 수 있겠습니까?

  설득이 말 몇 마디로 가능하다면 우리 사회가 패를 지어 나뉘지는 않았을 것입니다. 진보는 보수를 트집 잡고 보수는 진보를 트집 잡습니다. 남자는 여자를 미덥지 않게 생각하고 여자는 남자를 미덥지 못하게 생각합니다. 젊은이는 노인을 걱정하고 노인은 젊은이를 걱정합니다. 물건을 파는 사람은 사는 사람을 탓하고 사는 사람은 파는 사람을 탓합니다. 물건을 만드는 사람은 쓰는 사람을 탓하고 쓰는 사람은 만드는 사람을 탓합니다. 뉴스를 만드는 사람은 시민을 탓하고 시민은 뉴스를 생산하는 사람을 탓합니다.

보통의 상식으로 보면 분명히 틀린 말과 행동을 하고도 기필 코 틀리지 않았다고 하는 뻔한 거짓말을 반복하는 정치인들의 행태가 너무 자주 보입니다. 자기들만의 정의를 내세우며 "이것이 공공의 정의다"라고 우기는 고위 관료들이 등장하는 뉴스가 너무 자주 보입니다. 사람들은 듣고 싶은 것을 더 들으려 합니다. 보고 싶은 것을 더 보고 싶어 합니다.

설득이 어려운 시대에
오해 없이 내 뜻을 전달하는 법

세상이 복잡해지고 일상의 스트레스가 가중되다 보니 사람들은 건전한 뉴스를 멀리하고 선정적인 뉴스를 더 눈길을 줍니다. 바른 뉴스를 싫어하고 자극적인 제목의 뉴스를 더 빨리 클릭합니다. 세상의 정보가 서서히 왜곡되어 갑니다. 보통 사람들이 알아차릴 겨를도 없이 아주 교묘하게 틀어지고 있습니다. 바른 정보 제공이 아닌 돈벌이를 목적으로 한 미디어에 세상이 빨려 들어갑니다. 그러니 전문가라는 사람들의 주장도 어디까지가 사실이고 거짓인지를 알아차리기 어려운 시대가 되었습니다. 기준으로 삼아야 할 기준이 흔들리고 있습니다.

누군가를 설득하거나 이해하기 어려운 혼돈의 시대에 살고는 있지만 그래도 누군가를 꼭 설득해야 할 때가 있습니다. 혼란한 전국 시대를 살았던 순자는 상대를 말로 설득하는 일곱 가지 방법을 제시합니다.

첫 번째, 상대를 공손하게 대해야 합니다. 상대의 입장에서 생각하기가 쉽지는 않지만 그를 설득하려면 반드시 그의 입장에 서 보아야 합니다. 불손한 태도로는 시작하기도 어려운 일입니다.

두 번째, 흐트러짐 없는 바른 태도로 설득해야 합니다. 진실한 마음을 품지 않으면 바른 태도가 나오기 어렵습니다.

세 번째, 상대의 말에 응대할 때 바르면서도 성의 있는 자세를 갖추어야 합니다. 사람들은 듣고 싶은 것만 듣고 보고 싶은 것만 보는 경향이 아주 강합니다. 그러니 설득할 때는 이런 우를 범하지 않고 상대가 들려주고 싶어 하는 것을 찾아서 듣고, 상대가 보여 주고 싶어 하는 모습을 잘 선택해 말하는 노력이 꼭 필요합니다.

네 번째, 내 의견을 주장할 때 조금 더 굳건하고 강하게 말해 의지를 보여 주어야 합니다. 말에는 의지가 담겨야 합니다. 의지가 담기면 힘이 들어가고 당당해 보입니다.

다섯 번째, 상대의 이해력을 높이기 위해 쉬운 비유를 들어 말하는 편이 좋습니다.

여섯 번째, 상대가 혼란을 겪을 때 전후좌우 사리를 밝혀 분명하고 명확하게 밝혀 주어야 합니다.

일곱 번째, 내 의견이 서로에게 도움이 된다는 것을 이해시켜 상대가 기뻐하고 좋아하게 해야 합니다.

그러면 순자의 가르침처럼 그것을 마치 보물처럼 여기고, 진귀하게 여기며, 귀중하게 여기고 신묘하게 여기도록 하는 것입니다. 그렇게 하면 언제나 받아들여지지 않는 일이 없을 것입니다.

어느 항목 하나 만만한 게 없습니다. 그만큼 설득은 정성이 들어가야 가능합니다. 반대로 생각해 보면 더 이해하기 쉽습니다. 저 일곱 가지의 정성도 보이지 않으면서 설득하려 든다면 누구라도 쉽게 설득당해 주지 않을 것입니다.

내가 가진 잠재력을 끌어내는 책 쓰기

처음부터 명작을 쓰겠다고 과욕을 부리면 책 쓰기가 어려울 수밖에 없습니다. 첫 책부터 베스트셀러가 되는 경우는 거의 없습니다. 원고를 완성해 100군데 이상의 출판사에 투고를 해도 모두 거부당할 수도 있습니다. 가까스로 출간해도 1년이 지나도록 수백 권만 팔릴 수도 있습니다. 그래도 사람들은 책을 씁니다. 이미 세상에는 책이 많습니다. 읽힌 책보다는 읽히지 못한 책이 수천 배 많습니다. 내용도 그저 그런 재미도 없고 팔리지도 않을 책을, 사람들은 왜 쓰는 것일까요?

그 이유는 바로 학습에 있습니다. 글쓰기와 책 쓰기는 공부이기 때문입니다. 자신의 브랜드를 만드는 작업이자 강점을 학습하는 과정이기 때문입니다. 그러니 스물 새내기도 책을 쓸 나이라고 말할 수 있습니다. 서른 직장인도 책을 쓸 나이입니다. 마흔 직장인도 책을 쓸 나이입니다. 오십 직장인도 책을 쓸 나이입니다. 육십 은퇴자도 책을 쓸 나이입니다. 칠십 노신사도 책을 쓸 나이입니다. 팔십 노익장도 책을 쓸 나이입니다. 학습은 죽어야 끝나는 일이기에 그렇습니다.

학습의 반은 새로운 지식을 배우는 것이고, 나머지 반은 자신의 잠재력을 끄집어내는 것입니다. 새로운 지식은 교과서나 선생님, 전문가에게 배울 수 있지만 자신의 잠재력을 끄집어내려면 스스로 학습해야 합니다. 직장이나 사회에서 일과 경험을 통해 학습하는 것입니다.

'한 권의 책을 쓴다'는 '최소 20권의 책을 읽는다'는 뜻입니다.

'한 권의 책을 쓴다'는 '한 가지 주제에 대해 20번도 더 반복해 생각한다'는 말입니다. '한 권의 책을 쓴다'는 '최소한 반 정도는 책의 내용처럼 행동한다'는 의미입니다. '한 권의 책을 쓴다'는 '쓰고 지우고 쓰고 지우고를 20번도 더 한다'는 것입니다. '한 권의 책을 쓴다'는 '어떤 주제에 대해서 한 책의 200페이지 이상의 내용을 거의 외우고 있다'는 뜻입니다.

미래에 대한 설득력을
끌어내는 책 쓰기

책 한 권을 읽을 때마다 두 장씩 정리해 놓는 습관을 들인다면 전략적으로 책을 읽을 수 있습니다. 200여 페이지 한 권의 책을 두 장으로 요약하는 것은 그리 어렵지 않습니다. 책을 읽을 때 떠오르는 좋은 아이디어나 통찰은 기록하지 않으면 사라지기 쉽습니다. 오히려 읽은 것을 정리하고 기록하다 보면 두 장을 넘기는 경우가 다반사입니다. 많은 생각이 떠오른다고 해도 너무 욕심부리지 말고 두 장 정도만 꾸준히 기록한다면 나중에 여러모로 요긴하게 사용할 수 있습니다.

이렇게 50권을 정리하면 읽은 책의 기록만으로 100페이지의 글이 마련됩니다. 잘 정리된 50개 주제의 글을 가지게 되는 것입니다. 한 권의 책을 읽으면서 하나의 아이디어를 기록하고,

하나의 실천 항목을 기록하고, 하나의 기억에 남는 명구를 기록한다면 50가지 아이디어와 50개의 실천 목록, 50개의 명구가 남을 것입니다.

다 가지고 태어난 사람은 없습니다. 걱정 없는 사람은 없습니다. 다른 사람을 부러워하지 않는 사람도 없습니다. 다만 그렇게 보일 따름입니다. 다 가지고 태어난 것도, 걱정이 없는 것도, 부러운 사람이 없는 것도 아니지만 자신의 강점을 강화한다면 다 가지고 태어난 사람, 걱정이 없는 사람, 부러운 사람이 없는 사람으로 바뀔 수 있습니다.

조금 과장해서 말하면 누구나 자신의 책을 쓸 수 있습니다. 농부라면 농사일에 대한 책을, 인사 담당자라면 인사 업무에 관한 책을 쓰면 됩니다. 그러니 이제 막 대학을 졸업한 사람도 지난 4년간의 기록을 한 권의 저서로 만들 수 있고, 어떤 업무를 했든 퇴직자도 자신의 경력을 한 권의 책으로 만들 수 있습니다.

지금까지 했던 일을 정리하고 자료를 모으면 과거와 현재 그리고 미래가 다시 보입니다. 무엇을 잘해 왔고 지금까지의 결과가 어떻게 다음으로 연결되었는지를 보다 보면 앞으로의 인생에 대한 혜안이 생깁니다. 예를 들어 미래에 명강사가 되는 것을 목표를 세웠다면 앞으로 3~4년 정도 강사 관련 공부를 하면서 그간의 내용을 정리해 출간할 수 있습니다. 리더십을 강의 주제로 결정했다면 리더십에 관한 저서를 출간할 수 있을 것입니다.

새로운 군주는
백성을 어떻게 대하는가?

• 노하우 •

정사로 백성을 대할 때는 도의를 기준으로 각종 변수에 대응하고, 너 그러운 마음으로 널리 포용하며, 공경하는 마음으로 백성을 인도하 는 것이 정치의 첫 단계다.
그런 뒤에 알맞고 조화롭게 살피고 결단해 그들을 보조해야 하니 이 것이 정치의 중간 단계다.
그런 뒤에 성과에 따라 승진시키고 물러나게 하며 처벌하기도 하고 상을 주기도 하는 것이 정치의 마지막 단계다.

臨事接民 而以義變應 寬裕而多容 恭敬而先之 政之始也
然後中和察斷以輔之 政之隆也
然後進退誅賞之 政之終也

임사접민 이이의변응 관유이다용 공경이선지 정지시야
이후중화찰단이보지 정지융야
연후진퇴수상지 정지종야

〈치사편〉 5장

국가를 경영하는 정치인이든, 한 기능 영역을 총괄하는 부서 장이든, 대기업의 전문 경영인이든 중소 기업의 전문 경영인이든, 부장이든 팀장이든 어떤 조직의 장이라면 순자가 제시하는 리더의 정치 순서를 귀담아들을 필요가 있어 보입니다.

변화의 시대를 통치하는 군주의 경영법

먼저 순자는 새로운 정치를 시작하는 첫해에 해야 할 네 가지 일이 있다고 말합니다.

첫 번째는 의(義)를 가지는 것입니다. 공공 기관은 물론 기업에서도 이(利)보다는 의가 앞서야 합니다. 방법과 절차가 바르지 못하다면 그 어떤 이익도 오래가지 못합니다.

두 번째는 변화에 대응하는 것입니다. 세상의 변화에 적응하지 못하거나 대응하지 못하는 리더는 조직을 발전시키기는커녕 유지하기도 어렵습니다.

세 번째는 너그러움과 여유를 가지고 널리 받아들이는 것입니다. 지금까지 시행된 어떤 정책에는 그만한 이유가 있습니다. 적응과 변화의 속도가 더딘 정책도 있기 때문에 리더가 바뀌었다고 어떤 제도를 나무토막을 자르듯이 즉시 없애 버리는 것은 너무 성급한 결정이고, 이는 나중에 문제가 됩니다.

네 번째는 지금까지의 성과나 정책을 공경하는 마음으로 발전적인 방향으로 선도하는 것입니다.

첫해에 이 네 가지를 실천하는 것이 바로 정치의 첫 번째 단계입니다. 그렇게 두 번째 해를 맞이한다면 지난 1년간의 정책을 알맞고 조화롭게 살피고 결단해 그들을 도와 바르게 이끄는 것이 정치의 중간 단계입니다.

3년째가 되면 성과에 따라 잘한 사람은 승진시키고, 못한 사람은 물러나게 하며 처벌하거나 상을 주어야 하는데, 순자는 이것이 바로 정치의 마지막 단계라고 정의했습니다.

10년마다 지나온 길을 되돌아볼 것

리더는 이보다는 의를 기준으로 변화에 대응하며, 너그러움과 여유를 가지고 조직을 발전적인 방향으로 선도해야 합니다. 각자의 삶을 이끄는 개인도 마찬가지의 자세를 가져야 합니다. 이를 위해 10년마다 지나온 길을 되돌아보는 것이 좋습니다. 그래야 향후 10년을 안정적으로 꾸려 갈 수 있기 때문입니다.

한 분야나 조직에서 10년을 일했다면 그는 이미 특별한 사람입니다. 물론 예전에는 그런 사람들이 적지 않았습니다만 요즘은 장기 근속자가 줄어들고 있습니다. 1~2년 혹은 3~4년에 한

번씩 회사를 바꿉니다. 10년 이상을 한곳에서 일한 경력자를 찾기가 쉽지 않습니다.

직장을 옮길 때마다 연봉이 올라가는 꿀맛이 있지만 계속해서 이직을 하기는 어렵습니다. 대체로 서른에서 마흔 정도까지는 가능하지만 마흔이 넘으면 힘들어집니다. 전문 역량을 가진 경력자라면 모를까 직장을 바꾸면서 얼떨결에 직종까지 바꾼 경력자들은 확실히 불가능합니다.

직장은 바꾸더라도 직무는 바꾸지 않는 편이 좋다는 것을 모르는 직장인은 없지만, 의외로 직무나 직종을 바꾸는 경우가 많습니다. 예전에는 직무나 직종에 상관없이 어느 기업에서 몇 년을 근무했는지가 그 사람의 경력을 판단하는 중요한 기준이었으나 지금은 그렇지 않습니다.

대기업에서 10년을 근무한 것보다 그곳에서 어떤 일을 몇 년이나 했는지가 더 중요해졌습니다. 10년 동안 어떤 전문성을 키웠고, 현재는 어떤 역량을 가지고 있는지가 전체 경력 기간보다 훨씬 중요해졌습니다.

물론 10년을 공백 없이 일했다는 것은 칭찬받아 마땅한 일입니다. 쉼 없이 10년을 일하는 것이 말처럼 쉽지는 않기 때문입니다. 직장을 자주 옮겼든 직종을 자주 바꾸었든 대기업이나 중소기업 혹은 공무원으로 일하든, 10년 동안 일을 했다는 것은 매우 의미 있는 일입니다.

지난 10년은
향후 10년의 설계도다

대기업에 들어간 사람도, 중소 기업에 들어간 사람도, 공무원이 된 사람도 다 이유가 있을 것입니다. 5년이나 7년이 아니라 10년을 꾸준히 일했다면 이미 모두 특별합니다. 자신들만의 10년 경험을 쌓았기 때문입니다.

성과가 좋아 승진을 빨리 한 사람은 성과에 대한 노하우가 있을 것이고, 성과가 미진해 승진에서 밀린 사람도 다 이유가 있을 것입니다. 성공이라고 생각한 사람은 성공의 노하우, 실패라고 생각한 사람은 실패의 노하우가 있을 것입니다.

어떤 식으로든 10년을 일했다면 한 권의 책 쓰기에 모두 적당합니다. 10년의 경험을 정리하고 미래 10년으로 넘어갈 때 유리하기 때문입니다. 지난 10년의 경험이 소중하다면 그것을 한 권의 책으로 남겨 봅시다. 다음 10년을 더 명확하게 설계하는 바탕이 될 것입니다.

지난 10년의 경험이 아쉬워도 그것을 한 권의 책으로 남기는 편이 좋습니다. 아쉬움 뒤에 오는 10년을 소중하고 의미 있게 보내기 위한 기반이 되기 때문입니다. 잘했다면 잘한 것을, 못했다면 못한 것을 정리해 볼 필요가 있습니다. 지난 10년을 잘 보낸 사람이나 못 보낸 사람에게나 다가오는 10년은 새로운 가능성의 시기이자 새로운 도전의 시기이기 때문입니다.

큰 원칙이 옳아야
작은 원칙도 바로 선다

• 나눔 •

공자께서 말씀하셨다.
"큰 원칙이 바르고 작은 원칙이 바르면 훌륭한 군주다. 큰 원칙이 바르나 작은 원칙이 하나는 바르고 하나는 그르다면 보통 군주다. 큰 원칙이 옳지 않다면 작은 원칙이 옳다 하더라도 나는 그 밖의 것은 거들떠보지도 않겠다."

孔子曰
大節是也 小節是也 上君也 大節是也 小節一出焉 一入焉 中君也 大節
非也 小節雖是也 吾無觀其餘矣

공자왈
대절시야 소절시야 상군야 대절시야 소절일출언 일입언 중군야 대절비야
소절수시야 오무관기여야

〈왕제편〉 4장

정치의 종류는 공자의 덕치, 맹자의 왕도 정치, 순자의 예치, 한비자의 법치, 독재자의 폭치로 구분할 수 있습니다.

공자가 주장한 덕치는 위정자가 백성에게 솔선수범을 보이는 바른 정치로, 국가의 발전은 물론 백성들이 부지런하고 미풍양속이 유지되어 위정자와 백성 모두가 태평성대를 이루는 정치입니다.

맹자의 왕도 정치는 요순시대처럼 위정자가 인간의 선한 마음을 믿고 어진 정치를 펼쳐 천하를 평화적으로 이끄는 정치를 말합니다.

순자의 예치는 백성이 잘못하면 벌을 받고 위정자가 잘못해도 역시 벌을 받는 정치이며, 한비자의 법치는 백성이 잘못하면 벌을 받고 위정자는 잘못해도 벌을 교묘하게 피해 가는 정치입니다.

독재자의 폭치란 백성이 잘못하지 않았는데도 위정자 마음대로 교묘하게 혹은 억압적으로 벌하는 정치를 이릅니다.

바른 원칙을 만드는
세 가지 법칙

무엇이 좋은 정치인지에 대한 판단 기준은 시대가 변해도 똑같습니다. 법치가 분명 독재자의 폭정보다는 훌륭하지만 예치를 따라가기에는 갈 길이 멉니다. 겉으로야 힘없는 시민이나 힘 가진 위정자나 돈 많은 부자나 법 앞에는 평등하다고 시도 때도 없이 선전하지만 실제 법 앞에 서면 전혀 다르게 적용된 다는 것을 투표권이 없는 아이들도 알기 때문입니다.

경제력이 크거나 지위가 높을수록 법은 불평등하게 적용됩니다. 시민이 잘못하면 벌을 받고 위정자나 부자가 잘못하면 벌이 피해 가는 참으로 기가 막힌 법치 국가가 많습니다. 법을 잘 아는 법 기술자들은 그 어떤 불법을 저질러도 합법적으로 피해 가고, 법을 잘 모르는 선량한 시민들은 작은 잘못에도 애 간장이 타야 하는 참으로 기가 막힌 법치 국가가 많습니다.

이런데도 대부분의 시민이 우리가 이미 순자의 예치를 넘어 진정한 민주 정치가 이루어지는 사회에서 산다고 생각합니다. 하지만 백성이 잘못해도, 위정자가 잘못해도 법 앞에서는 모두 가 평등해야 가까스로 예치가 실행되는 품위 있는 국가와 사회 가 아닐까 하는 의문을 품어 봅니다.

《순자》〈왕제편〉은 올바른 정치 제도에 관한 순자의 담론입 니다. 군주가 백성을 바르게 다스리는 법과 바른 정치를 하기 위한 제도, 군주의 마음가짐, 백성을 사랑하는 이유 등 여러 가 지를 논합니다. 여기서 순자가 주장하는 바른 정치의 요체는 지금과 크게 다르지 않습니다.

"어질고 능력 있는 이는 순서를 기다릴 것 없이 등용하고, 변변치 않고 능력 없는 자는 잠시도 지체하지 않고 파면하며, 매우 악한 자는 교화를 기다릴 것 없이 처벌하고, 간사한 백성은 특별한 방법으로 가르치며 여유를 가지고 그들이 착해지기를 기다려야 한다. 그들을 격려할 때는 상을 주고 징계할 때는 형벌을 가하며, 직업에 안정적으로 적응하도록 잘 길러 주고, 그렇지 못하면 버리는 것이다. 군주나 사대부의 자손이라 하더라도 예의에 합당하지 못하면 곧 서민으로 돌리고, 서민의 자손이라 하더라도 학문과 행실이 돈독하고 예의에 합치된다면 재상이나 사대부로 삼아야 한다. 큰 병이 있는 사람들은 군주가 거두어 부양해 주며, 재능에 따라 백성을 부리고, 관청에서 입고 먹을 것을 베풀어 모든 사람을 빠짐없이 보호해야 한다. 재능과 행동이 시대에 반하는 자는 용서 없이 사형에 처한다. 이를 두고 하늘의 덕이라 하며 왕자의 정치라 하는 것이다."

"말이 수레를 끌다가 놀라면 수레를 탄 사람들은 수레에 앉아 안정을 취할 수 없고, 백성이 정치에 놀라면 군주는 그의 자리에서 안정을 취하지 못한다. 말이 수레를 끌다 놀라면 말을 안정시키는 것이 가장 좋고 백성이 정치에 놀라면 그들에게 은혜를 베푸는 것이 가장 좋다.

은혜란 무엇인가? 어질고 훌륭한 사람을 골라 쓰고, 착실하고 공경스러운 사람을 등용해 효도와 우애를 일으키고 고아나 과부 같은 사람을 거두어 주고 가난한 사람을 도와주는 것이다. 그러면 백성은 정치에 안심할 것이다. 백성이 정치에 안심한 뒤에야 비로소 군주는 그의 자리에서 안정을 취할 수 있다. 그것이 바로 '군주는 배요 백성은 물'이라는 말로, 물은 배를 띄우기도 하지만 배를 뒤집어엎기도 한다는 뜻이다."

공자는 정치를 잘하는 훌륭한 군주의 원칙은 '큰 원칙을 바르게 정하고 작은 원칙도 바르게 정하는 것'이라 했고, 순자는 훌륭한 군주의 원칙을 '안정, 번영, 공명'이라고 생각했습니다. 군주가 나라를 안정시키려면 공평한 정치를 펼치고 백성을 사랑하는 것이, 나라의 번영을 바란다면 예를 존중하고 선비들을 공경하는 것이, 공명을 세우기를 바란다면 어진 이를 높이고 능력 있는 자를 쓰는 것이 가장 좋다고 했습니다.

순자는 이 세 가지 큰 원칙을 제대로 지키지 못한다면 나머지 것이 비록 부분적으로 지킨다 해도 아무런 도움이 되지 않을 것이라 했습니다.

구슬도
꿰어야 보배다

10년을 일했다면 10개의 구슬이 생긴 것과 같습니다. 앞으로

10년이 지나면 다른 구슬 10개가 또 생깁니다. 구슬 하나하나는 그 어떤 것으로 바꿀 수 없는 소중한 자산입니다. 그런데 이 구슬은 꿰놓지 않으면 하나둘 없어집니다. 시간이 지나면 흔적도 없이 사라져 버릴지도 모릅니다. 기억도, 성과도, 역량뿐 아니라 그것으로부터 얻을 수 있었던 지혜가 사라집니다. 10년간 쌓아 올린 의미 있는 경력이 송두리째 증발할 수도 있습니다.

어떻게 해야 구슬을 지킬 수 있을까요? 가장 좋은 방법은 바로 지난 10년의 일 속에서 거둔 특별한 성과를 중심으로 한 권의 책을 써 보는 것입니다. 자신은 물론 사람들이 인정해 주는 결과를 어떻게 만들어 냈는지에 대해서 글을 쓰면 됩니다. 쉬운 일은 아니지만 어려운 일도 아닙니다.

기록 없이 10여 년을 흘려보내면 오늘의 성과는 아무것도 아닌 것으로 남습니다. 책이나 기록으로 남기지 않으면 그것으로부터 그 무엇도 배울 수가 없습니다. 그냥 기억할 수 없는 과거, 땅에 묻힌 죽은 지식이 됩니다. 미래의 지혜가 땅속의 녹슨 지식으로 잠들어 버릴 뿐입니다.

하찮게 생각했던 일도 일목요연하게 정리하면 귀해지는 경우가 많습니다. 매일 출근하면서 지겹도록 처리했던 업무도 정리를 통해 일관성을 부여하면 전혀 다른 모습이 됩니다. 월급 이외의 가치를 찾을 수 없었던 일에서도 의미를 찾아낼 수 있습니다.

세상에 가치 없는 일은 없습니다. 다만 내가 그렇게 생각할 뿐입니다. 세상에 작은 성과는 없습니다. 다만 내가 그렇게 생각할 뿐입니다. 세상에 소중하지 않은 성과는 없습니다. 다만 내가 그렇게 생각할 뿐입니다. 작은 것을 크게 만들고 중하지 않은 일을 중하게 만드는 것, 그것이 바로 나에 대한 한 권의 책을 쓰는 일입니다.

250년 전에 살았던 나의 9대조 선조가 30세에서 40세까지의 이야기를 한 권의 책으로 만들었다고 가정해 봅니다. 혹은 9대조 할머니가 30세에서 40세까지의 삶의 정리한 이야기를 한 권의 책으로 남겼다고 가정해 봅니다. 그저 지나가는 일상의 이야기일 수도 있고, 농사일에 관한 농서일 수도 있습니다. 관직을 지냈다면 관직에 관한 이야기일 수도 있습니다. 아이들을 훈육하는 이야기나 시어머니와의 갈등을 그린 내용일 수도 있습니다. 사회 풍속이나 집안 내력에 관한 이야기 혹은 가족 간의 사랑이나 애환을 담은 이야기일 수도 있습니다.

250년이 지난 지금 그 책을 자손들이 읽어 본다면 어떤 느낌이 들까요? 한 글자 한 글자마다 다가오는 할아버지 할머니의 그 숨결의 감동을 그 무엇에 견줄 수 있을까요? 소박한 조선 후기 일상의 이야기는 세상 그 어떤 아름답고 재미있는 책보다 최소 10배는 더 감동적일 것입니다.

잘하는 일에 살을 붙여야
곧게 선다

책 쓰기에 요긴한 산수 하나를 말씀드립니다. 한 권의 책은 주로 네다섯 개의 대주제와 40~50개의 소주제로 구성됩니다. 그러니 일주일에 소주제 하나에 해당하는 A4 용지 두세 장의 글을 쓸 수 있다면 1년 후 한 권의 책을 만들 수 있습니다.

자료만 어느 정도 준비된다면 소주제의 글을 쓰는 것은 그렇게 어렵거나 부담스럽지 않습니다. 책 쓰기에는 많은 자료가 필요하지만 그것을 모으는 과정은 크게 번잡하지 않습니다. 커피에 관한 책을 쓰고 싶다면 커피에 관한 10권의 책을 읽고, 면접에 관한 책을 쓰고 싶다면 면접에 관한 10권을 읽어 보면 됩니다. 또한 책을 쓰겠다고 결정하면 깨알 같은 현장의 자료가 생생하게 모여듭니다.

책 쓰기는 어떤 한 가지에 집중하는 일입니다. 내가 가치 있다고 느끼는 일에 집중하면서 자신도 모르는 사이에 역량을 키워 내는 일입니다. 그러니 잘하고 오랫동안 해 온 분야의 책을 쓰면 더 유리합니다. 책을 쓰는 작업은 전문성을 키워 가는 일이며 자기 브랜드를 형성해 가는 과정이기도 합니다.

글은 엉덩이로 쓴다는 말이 있습니다. 한 줄을 쓰고 이어 또 한 줄을 써 나가는 것입니다. 일류 작가도 이렇게 글을 씁니다. 첫 책을 내려고 노력하는 초보 작가도 마찬가지입니다. 소주제의 짧은 글을 1주에 하나씩 쓰면 1년 후에는 책 한 권이 완성됩니다. 2주일에 한 주제씩 쓰면 2년이 걸리지만, 1주에 두 장 반 짜리 글을 두 개씩 쓸 수 있다면 6개월이면 가능합니다.

나에게는 목수가 되고
남에게는 사공이 되어라

· 겸술 ·

군자는 자기를 헤아리는 기준으로는 목수가 먹줄을 놓듯이 하고, 남을 대하는 기준으로는 사공이 배를 젓듯이 한다.

자기를 대할 때는 먹줄 같은 똑바른 기준으로 헤아리기에 충분히 천하의 기준이 될 수 있다.

남을 대할 때는 사공이 배를 젓는 것처럼 능히 너그럽게 포용해 많은 사람을 활용하니 세상의 큰일을 이룰 수 있는 것이다.

君子之度己則以繩 接人則用抴
度己以繩 故足以爲天下法則矣
接人用抴 故能寬容 因衆以成天下之大事矣

군자지도기즉이승 접인즉용예
도기이승 고족이위천하법칙의
접인용설 고능관용 인중이성천하지대사의

〈비상편〉 10장

승(繩)은 노끈이나 줄을 의미하는데 여기서는 나무나 돌을 반듯하게 자르기 위해 줄을 긋는 데 쓰는 먹줄을 말합니다. 먹줄을 튕기면 똑바른 직선이 그어집니다. 예(枻)는 배를 젓는 노를 말합니다. 즉 순자는 군자나 리더라면 자기를 대할 때는 승을 기준으로 하고, 다른 사람을 대할 때는 예를 기준으로 해야 한다고 가르칩니다.

"군자는 자기를 헤아리는 기준으로는 목수가 먹줄을 놓듯이 하고, 남을 대하는 기준으로는 사공이 배를 젓듯이 한다. 스스로에게는 먹줄 같은 똑바른 기준으로 헤아리기에 충분히 천하의 기준이 될 수 있고, 남을 대할 때는 사공이 배를 젓는 것처럼 능히 너그럽게 포용해 많은 사람을 활용하니 세상의 큰일을 이룰 수 있는 것이다. 그러므로 군자는 현명하지만 노둔한 사람도 받아들이며, 지혜가 있지만 어리석은 사람도 받아들이며, 박식하지만 천박한 사람도 받아들이고, 순수하지만 잡된 사람도 받아들인다. 바로 이것을 일러 모든 사람을 두루 포용하는 술법, 즉 겸술(兼術)이라고 한다."

《순자》〈비상편〉 10장

겸(兼)은 '겸하다', '함께하다', '아우르다'라는 뜻으로, 겸술이란 '아우르고 함께하는 기술이나 재주'라는 뜻입니다. 곧고 굽은 두 가지 기준을 모두 겸해야 사람을 포용하는 힘이 생겨 천하의 대사를 이룰 수 있다 합니다. 겸술은 여러 사람을 아울러 받아들이는 리더의 전략이나 통치술을 의미하기도 합니다. 따라서 리더뿐만 아니라 보통 사람들에게도 필요한 전략입니다. 어디에 살아도, 누구와 살아도 그렇습니다.

어디에 살아도
웃을 수 있는 법

신혼 시절 단칸방에 살아도 행복했던 이유는 아내는 너그럽게 남편의 단점을 받아들이고, 남편은 사랑으로 아내의 부족을 이해했기 때문입니다. 셋집에 살아도, 자가에 살아도, 1층에 살아도, 20층에 살아도, 도시에 살아도, 시골에 살아도, 저가 아파트에 살아도, 수십억 원대 아파트에 살아도 순자가 말하는 겸술의 마음이 없다면 그 행복은 오래가기가 어렵습니다.

전셋집에 살아도 웃을 수 있는 이유는 간단합니다. 부모가 사 준 집에서 편하게 사는 것도 좋지만 스스로 노력해 월세, 전세, 자가를 마련해 가는 것이 당당하고 유쾌하기 때문입니다.

1층에 살아도 웃을 수 있는 이유는 간단합니다. 1층에 살면 매번 엘리베이터를 타지 않아도 되고, 신속한 출입이 가능하며, 작은 정원에 꽃과 몇 가지 채소를 가꿀 수도 있기 때문입니다. 뛰어놀기 좋아하는 아이들을 키우기에는 층간 소음 걱정이 없는 1층만큼 편한 곳도 없습니다.

20층에 살아도 웃을 수 있는 이유는 간단합니다. 여름에는 모기에 물릴 걱정이 없고 시원한 바람이 늘 찾아듭니다. 낮에는 좋은 경치를, 밤에는 멋진 야경을 마음껏 즐길 수 있으며, 매일 20층까지 계단을 오르내리는 것만으로도 신체가 건강해집니다.

어디에 사는지가 중요할 수도 있지만 그보다 더 중요한 것은 마음입니다. 활도지개 같은 마음입니다. '그럴 수 있다'는 조금은 여유로운 마음입니다. 이는 감사의 마음이기도 합니다. 주어진 환경을 이해하고 한 단계 더 나아가 감사할 수 있는 활도지개 같은 마음이 미소와 행복을 만드는 비결입니다.

누구와 살아도 갈등하지 않는 법

세상 사람 모두가 내 마음에 들 수 없는 것처럼, 나 역시 세상 사람 모두의 마음에 드는 사람이 될 수는 없습니다. 나도 그렇고 다른 사람도 그렇다는 이치를 이해한다면 우리는 언제 누구와 살아도 갈등을 줄일 수 있습니다.

작게는 부부 자식 간에도 그렇습니다. 세상의 이치로 본다면 부부간이나 부모 자식 사이에는 어떤 벽이나 거리가 없다고 생각할 수도 있지만 실상은 매우 다릅니다. 차라리 남이면 더 편하고 막 대할 수도 있는데 그럴 수 없기에 더 막막할 때가 많습니다. 남에게 느끼는 것보다 더한 애증이 항상 존재합니다.

부부간에 필요한 기술이 바로 겸술입니다. 자신에게는 먹줄로 그은 먹선처럼 똑바른 기준으로 대하고, 배우자는 활처럼 둥글게 굽은 기준으로 헤아려 준다면 부부가 서로를 버리는 일은 일어나지 않을 것입니다. 서로의 처지에서 바라보면 서로를 굉장히 쉽게 이해할 수 있기 때문입니다. 세상에 완벽한 부부는 없습니다. 많은 것을 가지고 시작한 부부나 아무것도 가지지 않고 시작한 부부나 마찬가지입니다. 서로에게 트집을 잡자면 남자나 여자나 젊은 부부나 늙은 부부나 마찬가지입니다.

부모 자식 사이에 필요한 기술도 바로 이 겸술입니다. 수십 년간 정성을 다해 키우고 도와준다고 자식의 기준이 부모의 기준과 같아지지는 않습니다. 이는 부모와 자녀가 스스로 어떻게 성장했는지를 잠시 되돌아보면 금방 이해할 수 있습니다. 부모가 자식을, 자식이 부모를 활도지개 같은 마음으로 볼 수만 있다면 부모 자식 간의 갈등은 반 이상 줄어들 것이 확실합니다.

가정이나 기업, 국가를 운영하고 경영하는 리더에게 필요한 두 개의 기준을 순자는 승설(繩枻)이라 했습니다. 마찬가지로 자기를 대할 때는 먹줄처럼 곧은 기준을 적용하고 다른 사람을 대할 때는 활도지개처럼 여유롭게 대해야 한다는 것입니다.

겸손의 자세로
배우고 가르쳐라

사람은 누구나 좋아하는 일을 하고 싶어 합니다. 취미나 오락을 즐기는 것처럼 즐겁게 일하고 싶어 합니다. 그런 인생 후반에 힘이 되는 두 가지를 들자면 바로 '쓰기'와 '나누기'입니다. 더 자세히 말하면 지금까지의 지식과 경험을 글로 쓰는 것, 그것을 말하면서 나누는 강연하는 것입니다. 사람들은 쓰면서 배우게 되고, 이해하면서 좋아하게 됩니다. 쓰면서 나누게 되고 나누면서 또 배우게 됩니다.

책이나 글을 쓰는 일은 지금까지의 학습 지식과 경험 지식을 체계적으로 정리하는 작업입니다. 우리의 인생 경험도 꿰어야 자신과 타인에게 더 가치 있는 것이 됩니다. 책 쓰기를 빌미로 그간의 경험과 인생이 정리할 수 있으며, 책 쓰기를 핑계로 한 걸음 더 발전하는 단계를 밟을 수 있기 때문입니다.

정리한 자신의 경험을 나누는 강의나 강연은 새로운 배움의 시작입니다. 가르치고 배우면서 함께 성장하는 인생의 교학상장은 강의나 강연, 즉 지식의 나눔으로부터 시작됩니다. 나의 경험과 지식을 다른 사람들과 나눈다는 게 쉬운 일은 아니지만, 인생 후반전에 할 수 있는 가치 있는 일 중의 하나임에 틀림없습니다. 강사라는 직업 자체를 인생 후반의 목표로까지 삼을 필요는 없지만, 강연이 나의 소중한 경험을 다른 사람들에게 나누어 주고 나의 역량을 더 강화할 수 있는 도구임에는 틀림없습니다.

강의나 강연을 통해 내가 아는 것을 나누고 싶지만 잘하지 못할 것 같아 자신감을 못 내는 사람이 있다면 겁내지 않아도 됩니다. 처음부터 강의나 강연을 잘하는 사람은 없습니다. 준비하지 않은 상태에서 강의나 강연을 잘할 수 있는 사람은 단언컨대 없습니다. 일타 강사, 스타 강사, 명강사에게도 어리숙한 초보 시절이 분명히 있었습니다. 그러니 지금 잘나가는 그들과 자신을 비교할 필요는 없습니다.

정말 비교하고 싶다면 그들이 지금의 나처럼 망설였을 시절의 모습을 비교해야 합니다. 그들이 10년 만에 명강사가 되었다면 우리도 10년이면 가능합니다. 그들이 서른에 시작해 마흔에 명강사가 되었다면 우리도 오십에 시작해 육십이면 가능합니다.

우리 모두가 대학 강사가 될 필요는 없습니다. 자신의 경험을 잘 정리한 한 권의 저서를 바탕으로 강의나 강연을 하는 것은 대부분 얼마든지 가능합니다. 학위가 필요한 것도 외국어를 잘해야만 하는 것도 아닙니다. 필요한 조건은 단 두 가지뿐입니다. 강의나 강연을 하고 싶어 하는 마음과 시작하는 용기입니다.

여유를 가지면
몰랐던 삶의 모습이 보인다

강연을 듣는 청중의 반짝반짝 빛나는 눈동자와 교감을 나누는 그 시간은 삶의 기쁨이 됩니다. 내가 누군가의 삶에 긍정적인 영향을 미친다는 것은 오십, 육십, 칠십의 삶에 그 무엇과도 바꿀 수 없는 행복입니다.

나만을 위한 시간도 행복한 시간이지만 남을 위한 시간은 더욱 행복한 시간이 됩니다. 누군가에게 나의 살아 있는 과거 경험을 나누어 그가 조금 더 나은 미래를 만들어 낸다면 그것 이상의 보람을 느낄 수는 없을 것입니다. 강의는 그것을 가능하게 만드는 가치 있는 일입니다. 희망이 없는 사람에게 생생한 희망을 주고, 미래가 아득한 사람에게 길을 알려 주고, 가슴이 답답한 사람에게 선명한 해법을 알려 주는 일은 무엇보다 멋지지 않을 수 없습니다.

강의와 강연은 인생 하프타임의 활동으로 매우 좋은 분야입니다. 10년 20년 혹은 그 이상의 경력과 경험을 가진 경우라면 더욱 그렇습니다. 설사 직장이나 조직에서 근무한 경력이 없다고 해도 강연에 관심이 있다면 인생 후반에 도전해 보기 좋은 분야입니다. 강의나 강연이 쉬운 일은 아니지만 도전해 볼 만한 일에는 틀림이 없습니다. 오십에 시작해도 육십에 시작해도 가능한 일이기 때문입니다.

오십은 어른다운 어른으로 들어서는 길목입니다. 조금 더 여유 있게 인생을 바라본다면 그간 보이지 않았던 삶의 아름다운 모습들이 보일 것입니다.

지금까지의 삶이 배움의 삶이었다면 이제부터의 삶은 가르치는 삶이 되면 좋겠습니다. 지금까지는 하고 싶은 말을 하면서 살았다면 이제부터의 삶은 다른 사람이 듣고 싶은 말을 하면서 행복해지면 좋겠습니다. 지금까지의 삶이 축적의 삶이었다면 이제부터의 삶은 나누는 삶이 되면 더 행복할 것입니다. 지금까지의 삶이 뛰는 삶이었다면 이제부터의 삶은 걷는 삶이어도 괜찮습니다. 지금까지의 삶이 빠른 삶이었다면 이제부터의 삶은 느린 삶이어도 괜찮습니다. 지금까지의 삶이 다른 사람을 읽는 삶이었다면 이제부터의 삶은 나를 읽히는 삶이 되면 좋겠습니다. 지금까지 밀려가는 삶을 살았다면 이제부터는 밀어 가는 삶을 살아 보면 좋겠습니다.

그렇게 인생 후반의 삶은 조금 더 가르치는 삶, 조금 더 나누는 삶, 조금 더 천천히 걷는 삶, 조금 더 느린 삶, 조금 더 모범이 되는 삶이 되면 좋겠습니다.

순리에 어긋난 말은
재앙을 불러온다

· 말 ·

있는 힘을 다 쓰더라도 백성을 위하는 정무에 합당하지 않다면 이를 간악한 정사라 이른다.

있는 지혜를 다 쓰더라도 옛 임금들의 법도에 맞지 않는다면 이를 간악한 마음이라 이른다.

변론하고 비유하는 것이 번드르르하고 막힘이 없더라도 예의를 따르지 못한다면 이를 간악한 말이라 한다.

勞力而不當民務 謂之奸事
勞知而不律先王 謂之奸心
辯說譬論 齊給便利 而不順禮義 謂之奸說

노력이부당민무 위지간사
노지이불율선왕 위지간심
변설유유 제급편리 이불순예의 위지간설

〈비십이자편〉 6장

겉으로는 온갖 그럴듯한 미사여구를 써 달콤한 말로 호도하면서 속으로는 자신과 몇몇 사람들의 잇속을 위해 일을 진행한다면, 그것은 교활하고도 간악한 일입니다. 공공의 세금이나 국가 재정을 이용해 비밀스럽게 개인적인 잇속을 챙긴다면 더욱 그렇습니다.

왜 이런 일이 벌어질까요? 시작은 교활한 마음 때문입니다. 국가나 공공 조직의 리더가 모두의 이익을 위해서가 아니라 자기 개인을 위해 영특하고 빛나는 지혜를 쓰고 싶어 한다면 그것이 바로 교활하고 간악한 마음입니다. 간악한 마음은 간악한 말을 만드는 바탕입니다. 그럴듯한 이론과 비유를 번지르르하고 유창하게 늘어놓아도 그것은 자기만을 위한 간악한 말일 뿐입니다.

올바른 말의 세 가지 요건
: 형식, 내용, 공감

《논어》의 가장 마지막에 적힌 명구의 세 번째 문장도 말에 대한 가르침입니다. 논어 한 권을 다 쓴 공자는 마지막에 다시 강조했습니다. "말을 알지 못하면 사람을 알 수 없다"라고 말입니다. 사람을 알지 못하면서 사람답게 세상을 살기란 거의 불가능하기 때문에 말 같은 말, 알아들을 수 있는 말, 올바른 말을 해야 한다고 마지막까지 강조한 것입니다. 말에는 유의해야 할 사항이 많습니다.

순자는 먼저 예와 의에 맞는 말을 해야 한다고 했습니다. 아무리 명웅변가처럼 청산유수로 말해 듣는 이의 심금을 울린다고 해도 그 말의 내용이 정의롭지 못하거나 거짓과 기만으로 가득 찼다면 헛소리에 지나지 않습니다. 말에는 믿음과 무게가 있어야 하는데 하물며 리더의 말에는 더욱 그렇습니다.

말의 형식은 듣기에 편안하고 서로 감정의 교감이 이루어지는 순조롭고 논리적인 모습이어야 합니다. 말의 내용은 정의로워야 합니다. 거짓이 아닌 정직한 내용을 담고 있어야 합니다. 말의 형식과 말의 내용은 중요합니다.

형식과 내용에 더해 꼭 필요한 한 가지가 있습니다. 바로 공감입니다. 사람들은 자기가 말하고 싶은 것만 말하고, 자기가 듣고 싶은 것만 듣습니다. 그러니 아무리 형식과 내용이 좋다고 해도 두 사람 간 공감이 이루어지지 않는다면 그 말은 허사가 됩니다. 《순자》는 〈비십이자편〉에서 말의 중요성을 이렇게 강조합니다.

"믿을 만한 것을 믿는 것이 믿음이듯 의심스러운 것을 의심하는 것이 믿음이다. 현명한 사람을 귀하게 여기는 것이 어짊이듯 못난 사

람을 천히 여기는 것이 어짊이다. 도리에 맞는 말을 하는 것이 지혜
듯 침묵하는 것이 도리에 맞는다면 그것이 지혜다. 그러므로 말을
많이 하면서도 그 말이 모두 바르다면 성인이요, 말을 적게 하면서
도 그 말이 법도에 맞는다면 군자며, 말을 적게 하든 많이 하든 법
도도 없고 종잡을 수 없다면 비록 말을 잘한다 하더라도 소인이다.

있는 힘을 다 쓰더라도 백성을 위하는 정무에 합당하지 않다면 이
를 간악한 정사라 이르고, 있는 지혜를 다 쓰더라도 옛 임금들의 법
도에 맞지 않다면 이를 간악한 마음이라 이르며, 변론하고 비유하
는 것이 번드르르하고 막힘이 없더라도 예의를 따르지 못한다면 이
를 간악한 말이라 한다.

지혜롭지만 음험하고, 남을 해치기를 잘하면서도 신묘하며, 남을
속이면서도 교묘하고, 쓸데없는 말을 잘하며, 말이 순리에 맞지 않
는데도 자세한 것은 정치의 큰 재앙이 된다. 편벽한 행동을 하면서
고집스럽고, 그릇되게 꾸며 놓고도 훌륭하다 하며, 간사한 일을 하
면서 잘 지내고, 말을 잘하면서도 도리에 어긋나는 것은 예로부터
엄격히 금하던 일이다.

지혜가 있으나 법을 지키지 않고, 용기가 있으면서 꺼리는 일이 없
으며, 말은 분명하고 자세하면서 지조는 편벽되고, 과격하게 행동
을 하면서도 쓸 것은 없으며, 간사함으로 여러 사람을 끌어들이고,
발걸음은 빠른데 길을 헤매며, 돌을 메고 뛰어내리는 짓거리는 세
상에서 버려야 할 것들이다.”

정치도 마찬가지입니다. 수고롭게 국정 운영을 한다고 해도 국민을 위하는 일이 아니라면 간악한 행정일 뿐입니다. 온갖 연구와 개발에 지혜를 써도 그 과정과 내용이 국민을 위한 바른 법도에 맞지 않는다면 간악한 마음의 결과가 나올 뿐입니다. 말의 이론과 비유가 번드르르하고 국정 연설을 막힘없이 잘하더라도 언사가 바르지 못하고 내용이 정의롭지 않다면 간악한 말장난에 지나지 않습니다.

경영도 마찬가지입니다. 밤낮으로 번거로이 기업을 경영하더라도 소비자의 행복과 만족을 위한 제품을 생산하지 않는다면 간악한 돈벌이에 지나지 않습니다. 온갖 연구와 개발에 지혜를 쓴다 하더라도 정상이 아닌 불법적인 과정으로 진행한다면 누구에게도 도움이 되지 못하는 간악한 마음의 결과일 뿐입니다. 솔깃한 말과 유명한 배우를 섭외해 그럴듯한 광고를 제작한다고 해도 바르지 않은 표현과 정의롭지 못한 내용을 담았다면 간악한 말장난에 지나지 않습니다.

자기 경영도 마찬가지입니다. 잠시 쉴 틈도 없이 이것저것에 손대며 자기 경영을 한다고 해도 진정 자신의 행복과 만족을 위한 집중이 아니라면 시간 낭비에 지나지 않습니다. 온갖 아이디어를 내고 선행자의 지혜를 빌려 써도 불법적인 과정으로 진행한다면 누구에게도 도움을 주지 못하는 간악한 마음의 결과물이 나올 뿐입니다. 결과가 아무리 그럴듯하고 SNS에 자랑

할 만큼 훌륭해도 품위 있는 언어와 정직하지 못한 내용을 담고 있다면 별 실효가 없는 간악한 말장난에 지나지 않습니다.

더 잘 말할 수 있는 주제를 선택하는 법

잘 알고 있는 내용은 말하기도 쉽습니다. 만약 인사 업무 경험이 있는 분이라면 인사 관련 강의 주제를 정하는 것이 좋습니다. 인사 업무도 구체적으로 보면 다양합니다. '채용', '조직 개발', '경력 개발', '노사', '교육' 등으로 크게 구분해 그중 하나의 전문성을 높이는 게 더 유리합니다.

채용이라는 대분야를 정했다면 한 단계 더 구체적으로 들어가 채용 트렌드, 면접, 헤드헌팅, 분야별 채용 전략 등으로 구분해 그중 하나를 정하는 게 효과적입니다. 만약 여러분이 인사부장이라면 당연히 조직의 인사 관련 업무 전체를 관장하겠지만 퇴직 후에도 그 모든 일을 하는 것은 지나친 욕심일 수 있습니다. 조직을 나오면 많은 세부 분야 중 한 가지의 전문성을 갖는 것이 인생 후반의 브랜드를 만들기에 더 효율적입니다.

예를 들어 직장에서 주로 채용을 담당했다면 '면접 전문가'로 강의 주제를 잡는 것이 훨씬 효율적입니다. 직장에서 영업 관련 업무를 오랫동안 해 왔다면 영업 마케팅 혹은 인간 관계 분야를 강의 주제로 삼는 게 좋을 것입니다. 직장에서 군사 관련 정보를 주로 다루었다면 군사나 국방에 관한 강의를 하면 됩니다. 반도체나 IT 관련 업무 경험이 많다면 이 역시 마찬가지입니다.

자신의 경험 업무를 활용한 강의에 흥미가 없다면 주제를 새롭게 정해도 됩니다. 지금 당장은 생소한 분야라 할지라도 흥미 있는 영역의 주제에 도전해 보는 것도 좋은 방법입니다. 강의에 조금 더 관심을 가지면 강의 분야가 매우 다양하다는 것을 알 수 있습니다. 제4차 산업 혁명, 고객 만족, 커뮤니케이션, 인문학, 조직 활성화, 창의력, 경력 개발, 채용과 면접, 1인 미디어, 리더십, 코칭, 역사, 문학, 여행, 여가, 자동차, 취미, 인간관계, 고전, 종교, 철학, 시간, 공간, 운동, 집, 옷, 몸, 인물 등 많은 주제로 다양한 강사가 활동하고 있습니다.

인문 고전 분야도 마찬가지입니다. 평소에 인문 고전을 별로 읽지 못한 사람이라 하더라도 고전에 관해 강연할 수 있습니다. 많은 고전을 읽지는 못했어도 공자, 맹자, 노자, 장자, 순자, 묵자, 손자, 한비자, 사마천 등 동양 고전을 대표하는 쟁쟁한 현인의 사상 중 한두 개는 듣거나 읽어 보았을 테니 말입니다. 시선을 국내로 돌려도 세종대왕, 이순신, 강감찬, 을지문덕, 연개소문, 정조 대왕, 이율곡, 이황, 정약용 등 멘토나 모델로 삼을 만한 사람과 학문이 너무나 많습니다.

서적에 관심이 있다면 《천자문》, 《사자소학》, 《격몽요결》, 《명심보감》, 《동몽선습》, 《소학》, 《논어》, 《맹자》, 《중용》, 《대학》, 《시경》, 《서경》, 《주역》, 《한비자》, 《공자가어》, 《도덕경》, 《장자》, 《순자》, 《묵자》, 《손자병법》, 《오기병법》, 《정관정요》, 《삼국지》, 《수호지》, 《목민심서》, 《경세유표》, 《흠흠신서》, 《성호사설》, 《서애집》, 《열하일기》도 강연할 수 있습니다.

소크라테스, 플라톤, 아리스토텔레스를 위시한 서양의 수많은 철학자 중에서 한 명을 선택해도 좋습니다. 톨스토이, 도스토옙스키, 푸시킨, 셰익스피어, 찰스 디킨스, 모파상 등 세계적인 소설가 중에서 한 사람을 선택해도 됩니다.

이미 이 중에서 한 분야를 선택해 전문가의 반열에 오른 사람이 적지 않지만, 아직도 선택의 폭은 매우 넓습니다.

겉과 속이
잘 어우러져야 군자다

· 성찰 ·

탕왕이 가뭄에 기도했다.
"정치하는 것이 적절치 않아서입니까? 백성 부리기를 고통스럽게 해
서입니까? 궁전이 너무 성대해서입니까? 부인들의 청탁이 너무 많
아서입니까? 뇌물이 성행해서입니까? 남을 모함하는 자가 많습니
까? 어찌하여 이토록 심하게 비를 내리지 않으십니까?"

湯旱而禱曰
政不節與 使民疾與 宮室榮與 婦謁盛與 苞苴行與 讒夫興與 何以不雨
至斯極也

당한이도왈
정부절여 사민질여 궁실영여 부알성여 포저행여 참부흥여 하이불우
지사극야

〈대략편〉 45장

상나라 탕왕은 가뭄이 무려 7년이나 이어지자 직접 기우제를 지냈고, 그러면서 스스로의 통치를 되돌아보았습니다. 탕왕이 성찰한 여섯 가지는 이렇습니다.

첫째, 백성을 위한 정치를 제대로 했는가?
둘째, 정치로 백성을 고통스럽게 하지는 않았는가?
셋째, 궁전이나 임금의 처소를 너무 성대하고 아름답게 꾸미려 국부를 탕진하지는 않았는가?
넷째, 궁중 부녀자들의 적절치 못한 청탁을 너무 많이 들어주지는 않았는가?
다섯째, 궁중 정무에 뇌물이 성행하지는 않았는가?
여섯째, 조정과 국정에 남을 모함하는 자가 많지 않은가?

기우제로 인한 성찰이기는 했으나 이는 평소 군주가 스스로 다잡아야 할 목록임에 틀림없습니다.

리더가 성찰해야 할 이 내용은 3,000년 전이나 지금이나 크게 다르지 않습니다. 대통령이나 정치인이라면 국민을 염려하고 걱정하는 것이 순리지만 도리어 국민이 자신이 선출한 정치인을 걱정하고 염려하는 경우가 너무 많습니다. 대통령이나 정치인이 높은 자리에 매료되어 민생을 돌보지 못해 국민의 삶이 고통스러워지는 경우가 흔해졌습니다.

줄과 선에 따른 자기들만의 우정과 사랑은 따뜻하게 넘쳐나지만 세상은 차가운 모함과 갈등으로 범벅이 되어 문제 해결의 실마리조차 찾기가 어렵습니다. 국정 감사나 국정 연설 자리가 아니더라도 위정자들이 평소 스스로 다잡아야 할 목록임에 틀림없습니다.

지속 발전을 위한 리더의 다섯 가지 원칙

가장이든 이장이든 면장이든, 대리든 팀장이든 부장이든, 상무든 사장이든, 과장이든 국장이든 장관이든, 병장이든 대위든 대령이든 대장이든, 의원이든 지사든 대통령이든 리더의 길은 엄중하고도 쉽지 않은 길입니다. 누리고 즐기려고만 든다면 그 길의 끝은 가시밭으로 덮힐 것이며, 변화하고 개선하려 든다면 그 길의 끝은 박수와 영광이 함께할 것입니다.

누구든 리더로 선 처음에는 누구든 새로운 각오와 의지로 가득 찬 모습을 보입니다. 그런데 3년이든 5년이든 임기를 다 채우고 나면 전임자보다 못한 결과를 내는 경우가 비일비재합니다. 왜 이런 일이 발생할까요? 리더란 이끄는 사람이지 뒤에서 떨어지는 꿀을 빨아먹는 사람이 아니기 때문입니다. 리더로 서기까지는 무던히 노력했던 사람도 일단 리더로 앉으면 노력을 멈추기 때문입니다. 명확한 목표나 비전을 갖추지 못한 채 바쁜 현실에 끌려다니면서 얼굴이나 보여 주는 허울만 좋은 리더이기 때문입니다.

미래에 대한 청사진과 치밀한 계획이 없으니 이곳저곳을 따라다니느라 하루해가 짧은 것입니다. 미래를 살리는 굵직한 정책은 바로 빛이 나질 않으니 멀리하고, 당장 멋져 보이거나 생색내는 일에 열중하다 보니 3년, 5년이 지나도 남는 것이 없습니다. 리더로 앉아 큰소리치면서 크고 작은 청탁을 조직의 비전으로 포장해 중요한 업무로 여기니 임기가 끝나기도 전에 사단이 나는 것입니다.

좋은 리더, 현명한 리더라면 선명한 비전을 바탕으로 함께하는 사람들을 진정 발전시키는 리더십을 발휘해야 합니다. 단 아무리 훌륭한 목적의 정책이라도 함께하는 사람들을 불편하고 고통스럽게 만드는 방법은 피해야 합니다.

경영에서 비전 못지않게 중요한 리더의 덕목이 있다면 바로 모범입니다. 크고 화려한 집무실이나 최고가의 업무 차량은 성과를 내는 것과 아무 관련이 없습니다. 청탁과 뇌물은 먹음직스러워 보이는 독 사과일 뿐입니다. 그러니 비전을 꿈꾸지 못하고 모범을 보일 자신이 없다면 리더로 서지 말아야 합니다. 조직과 개인 모두에게 해가 되기 때문입니다.

오래 사랑받는
강사의 조건

강사도 문질빈빈(文質彬彬)이 되어야 합니다. "겉과 속이 잘 어우러져야 군자다"라는 공자의 말처럼 강사도 두 가지가 잘 어우러져야만 오래 사랑받을 수 있습니다. 이때 필요한 것은 충실한 강의 내용과 효과적인 전달 능력입니다.

먼저 강의 주제와 내용은 충실하고 매력적이어야 합니다. 강사 개인의 호감도에 치우친 강의 주제나 내용은 실패할 확률이 높습니다. 청중은 강사가 좋아하는 주제가 아닌 자신들이 좋아하는 주제를 듣고 싶어 하기 때문입니다. 청중은 잘 준비된 강연을 듣고 싶어 하지, 어수선한 강연을 듣고 싶어 하지 않습니다. 청중은 쉽고 명확하면서 재미있는 강연을 듣고 싶어 하지, 불분명하고 어려우면서 재미없는 강연을 듣고 싶어 하지 않습니다.

다음은 효과적인 전달 능력입니다. 특히 오십 이후에 시작하는 강의는 이미 굳어진 발표와 대화 스타일을 벗어나기가 어렵습니다. 동영상으로 자신의 강의를 찍어 보면 금방 알 수 있습니다. 그 어색함이란 이루 말할 수가 없을 것입니다. 그러니 우선은 좋은 예시, 즉 다양한 강사의 다양한 강연 영상을 보고 들어야 합니다. 그러다 따르거나 배우고 싶은 강사를 만나면 이

번에는 반복해서 듣고 보아야 합니다. 조회 수가 높은 영상은 그만의 이유가 있습니다. 강의 내용이 좋든지, 강의 방법이 훌륭하든지 아니면 재미가 있든지 다 이유가 있습니다.

강의 기회는 우연히 찾아옵니다. 저자가 되었을 때 찾아오기도 하고, 강사 교육이 끝난 후 찾아오기도 하며, 주변의 사람들을 통해서 만들어지기도 합니다. 준비하면서 기다리면 강의 기회는 반드시 찾아옵니다. 강의할 기회를 만나지 못하는 게 문제가 아니라 찾아온 그 기회를 살리지 못하는 게 더 큰 문제입니다. 강의할 기회가 왔을 때 좋은 평가를 받지 못하고 반복해 실수를 저지른다면 그것을 만회하는 데는 훨씬 큰 노력이 필요하기 때문입니다.

그저 큰 강의를 하고 싶다는 욕심에 중요한 사람이 모이는 중요한 강의를 수락해 실수를 저지른다면 그것은 이후 강사의 길에 지울 수 없는 치명타가 됩니다. 그러니 초기에는 덜 중요한 강의더라도 더 큰 노력을 들이는 자세가 정말 필요합니다. 어느 강사가 강의가 끝난 후 멋진 박수와 좋은 평가를 기대하지 않겠습니까마는, 그것은 결코 하루아침에 이루어지지 않음을 이해하고 있어야 합니다.

나무의 잎은
반드시 뿌리를 따라 자란다

· 모범 ·

처벌하고 상을 줌에 일정한 기준이 없다면, 사람들이 의심하고 풍속
이 험악해져 백성이 하나가 되지 않는다.

誅賞而不類則 下疑俗儉而百姓不一

주상이불류즉 하의속검이백성불일

〈부국편〉 15장

순자는 공자의 길을 따라 유학을 발전시킨 유학자이자 법가
를 집대성한 한비자의 스승입니다. 순자가 가르친 신상필벌은
법가의 원리 원칙만을 중요시하는 차가운 신상필벌과는 다릅
니다. 법보다는 예와 가르침이 먼저였습니다. 가르치고 교도를
했음에도 잘못이 이어지면 그때 필요한 것이 형벌이었습니다.

군주가 모범을 보이고 백성이 따르는 것이 먼저라고 강조했습니다. 순자는 이렇게 말합니다.

"잘못한 사람을 가르치지 않고 죽이기만 한다면 형벌만 번거로워 질 뿐 그 사악함은 이겨 낼 수가 없다. 잘못한 사람을 교도하기만 하고 처벌하지 않는다면 간악한 사람은 꺼리는 일이 없을 것이다. 처벌하기만 하고 상을 주지 않는다면 부지런한 백성도 힘써 일하지 않을 것이다. 잘못한 이를 처벌하고 잘한 사람에게 상을 줄 때 일정한 기준이 없다면 사람들이 의심해 풍속이 험악해지며 백성은 통일되지 않는다.

그러므로 옛 임금들은 예의를 밝혀 백성을 한곳으로 모았고 충실함과 믿음으로 백성을 사랑했다. 현명한 사람을 높이고 유능한 사람을 등용했다. 벼슬과 의복을 상으로 내려 서열을 밝히고, 그들을 부릴 때는 철에 따라 알맞게 부담을 줄이고 일을 조절해 주었다. 모든 백성을 감싸 주고 갓난아기를 보육하듯 양육해 주었다.

임금이 일정하면 백성도 일정하고, 임금이 흔들리면 백성도 흔들린다. 마치 풀과 나무의 가지나 잎이 반드시 뿌리를 따라 자라는 것과 같은 이치다."

《순자》〈부국편〉 15장

전힐을 죽여 백성을 움직인
진 문공

한비자의 법가 사상은 통일 진(秦)나라를 건국한 진시황에게 크게 영향을 주었습니다. 《한비자》〈외저설 우상(右上)편〉에 신상필벌이 등장합니다. '공 있는 사람에게 반드시 상을 주고, 죄 있는 사람에게 반드시 벌을 주면 전쟁에 나가도록 하기에 충분하다'는 '신상필벌(信賞必罰) 기족이전(其足以戰)'의 고사입니다.

진(晉)나라 문공이 내치와 전쟁에 능해 자신을 춘추오패의 명군으로 만든 호언에게 물었습니다.

"맛있고 기름진 음식을 신하들에게 두루 제공하고 한 해 동안 짠 베를 모두 병사들의 옷을 지어 입혔으니, 백성을 전쟁에 나가도록 할 수 있겠소?"

"그것으로는 부족합니다."

"시장에서 징수하는 세금을 감해 주고 아울러 형벌을 완화했으니, 그런 조치로 백성을 전쟁에 나가도록 할 수 있겠소?"

"그것으로는 부족합니다."

"백성 중에 재산을 잃은 자가 있으면 과인이 직접 그 일을 조사해 처리하고, 죄가 있는 자는 사면하며 가난해 생활이 부족한 자에게는 은덕을 베풀어 주었으니, 그런 조치로 백성을 전쟁에 나가도록 할 수 있겠소?"

"그것으로는 부족하니, 이런 조치는 모두 백성의 생존 욕구를 따른 것이지만 전쟁을 시키는 것은 백성을 죽이는 일입니다. 백성이 복종하는 것은 생존 욕구를 따라 주기 때문인데 공은 반대로 이를 이용해 죽이려고 하니, 백성이 공을 따르는 이유를 잃을 것입니다."

"그렇다면 어떻게 해야 백성이 전쟁에 나가도록 할 수 있겠소?"

"전쟁에 나가지 않을 수 없도록 해야 합니다."

"전쟁에 나가지 않을 수 없도록 하려면 어떻게 해야 하오?"

"공 있는 사람에게는 반드시 상을 주고 죄 있는 사람에게는 반드시 벌을 주면 전쟁에 나가도록 하기에 충분할 것입니다."

"형벌이 어느 지경까지 이르러야 하는 것이오?"

"형벌의 집행은 친근하고 지위가 높은 사람이라도 회피하지 않으며, 법의 적용은 총애하는 사람까지도 시행하는 것입니다."

문공은 이튿날 명령을 내려 사냥을 하되 정오에 집합하는 기한을 정하고 늦게 도착하는 사람의 군법으로 집행하겠다고 일렀다. 이때 문공이 총애하는 전힐이 늦게 도착하자 법을 담당하는 관리가 그에게 내릴 죄를 정해 달라고 요청하니 문공이 눈물을 흘리며 고민했지만 법대로 처형했다.

그 뒤로 백성이 모두 두려워하면서 "임금께서 전힐을 귀중하게 여김이 매우 절실했건만 법대로 집행을 하셨는데 하물며 우리 같은 백성에게 무슨 미련이 있겠는가!"라고 했다.

진 문공은 백성을 전쟁에 나가게 할 수 있는 상태임을 알아보고 이에 드디어 군사를 출동시켜 도착하는 나라마다 토벌해 승리했다. 호언의 계책을 따르고 전힐을 죽여 상벌을 분명히 했기 때문이다.

수년 전 한국을 찾아온 중국의 기업 참관단 교육생들에게 삼성의 역사를 주제로 강의한 적이 있습니다. 학생들은 강의 후미에 오늘의 삼성을 만든 관리 원칙이 있다면 무엇인지 물었습니다. 그때 몇 가지를 소개해 주면서 마지막으로 삼성그룹의 창업주인 이병철 회장의 신상필벌을 강조했습니다.

신상필벌은 이병철의 조직과 인사 관리의 대원칙 중 하나였습니다. 작은 공적이라도 상세히 조사해 상을 주어야 일하는 사람이 보람을 느끼고, 반대로 직무 태만이나 과실에 대해서는 적절한 징계를 내려야 한다고 했습니다. 애매하게 대응하면 공평성이 없어 조직의 활력이 침체된다는 이유였습니다.

하나의 주제를 뼈대로
풍성한 강의를 피우는 법

나누는 삶, 강의다운 강의를 하는 삶을 택했다면 쉼 없이 공부하는 삶을 선택한 것이나 다름없습니다. 그렇다면 강의를 위해 어떻게 공부해야 할까요? 만약 여러분이 《목민심서》를 강연 주제로 선택했다고 가정해 봅니다.

《목민심서》는 목민관(수령)의 기본 자세를 담은 다산 정약용의 책입니다. 서점에는 이미 《목민심서》와 관련한 수많은 책이 출간되어 있는데, 이에 반해 《목민심서》를 핵심 주제로 강의나 강연을 하는 강사는 손에 꼽을 정도입니다. 기업이나 공공 기관에서는 《목민심서》를 강의할 만한 그럴듯한 강사가 없다고 자주 하소연합니다.

그러니 《목민심서》를 강의에 뜻이 있는 분이라면 가장 먼저 《목민심서》를 다시 정독해야 합니다. 처음부터 완벽히 독파할 수야 없겠지만 1년이든 3년이든 5년이든 강의를 하면서도 《목민심서》를 중심으로 수십 권의 관련 서적을 읽어 보는 것이 좋습니다. 독서의 깊이와 분량이 늘어날수록 강연의 질이 달라지기에 그렇습니다.

번역자 혹은 작가에 따라 주석이 다르기 때문에 한두 권만 읽고 강의를 시작하면 낭패를 보기 쉽습니다. 강의를 듣는 수강생 중에는 이미 강의하는 강사보다 더 깊은 지식을 가지고 있는 경우도 적지 않기 때문입니다. 상세하고 자세하게 번역되어 전문가나 독자의 평가가 좋은 책을 선택해 정독합니다. 그러면 10권을 다 읽기도 전에 《목민심서》의 내용을 술술 말하게 될지도 모릅니다.

다음으로는 다산 정약용의 인생과 다른 저서도 10권 정도 읽어 볼 필요가 있습니다. 《목민심서》 강의라고 해도 《목민심서》 만 강의할 수는 없습니다. 다산의 출생, 다산의 정치, 다산의 실학, 다산과 천주교, 다산과 유배, 다산과 그의 형제들, 다산의 편지, 다산의 시와 문장들, 재미있고 의미 있는 내용이 넘치기에 그것들을 읽지 않으면 무미건조한 강의가 될 것입니다.

시간이 갈수록 시선을 확장해 다산을 둘러싼 환경, 이를테면 유학과 유교, 당시의 시대를 이해해야 합니다. 조선 성리학의 유래와 문제, 다산이 《논어》, 《맹자》, 《중용》, 《대학》에 관해 연구하고 남긴 저서들도 궁금해질 것입니다. 깊게 읽기에는 시간이 부족하지만 그렇다고 포기하면 《목민심서》 강의의 깊이와 재미가 얕아집니다. 그러니 조선의 유학이나 조선 후기 사회의 실정에 관한 책을 10권 정도는 읽어 보아야 합니다.

이어서 강의를 수강할 청중에 대해 알아야 합니다. 《목민심서》는 결국 리더에게 필요한 자세와 행동에 관한 이야기입니다. 이 강의를 들을 사람을 기업이나 공공 기관의 리더들일 테니 이들을 이해해야 합니다. 기업의 리더나 공직자로 오랫동안 근무한 경험이 있다면 다행이지만 그렇지 않다면 책을 통해서라도 꼭 간접 경험을 해야 합니다. 그러니 《목민심서》를 강의하기 전에 현대 리더십 명저들을 읽어야 합니다. 현대 리더십을 대표하는 거래적 리더십, 변혁적 리더십이 무엇인지도 제대로 모르면서 《목민심서》 속 리더십을 현대적으로 풀어 강의하기란 어렵기 때문입니다.

　마지막으로 다산과 비슷한 생각을 가진 당대의 국내외 학자들의 책을 읽어야 합니다. 다산은 분명 훌륭한 학자지만 당대 최고의 학자는 아니었기 때문입니다. 또《목민심서》를 강의하면서 다산에 관해서만 이야기한다면 청중이 답답해할 수 있습니다. 조선의 대학자 율곡이나 퇴계 선생, 연암 박지원이나 송시열 선생의 이야기도 필요합니다. 그래야 편중되지 않고 다양한 시각을 제공할 수 있는 여유가 생깁니다.

　《목민심서》를 예로 들었지만 다른 주제를 선택한다고 해도 50권의 독서는 같은 방식으로 필요합니다. 만약 '채용 면접'을 주제로 잡았다면 면접 관련 10권, 채용 및 인사 관련 10권, 경력 개발 10권, 조직 개발 10권, 인문 고전 10권 등을 읽는다면 면접에 관한 어떤 질문을 받아도 원활히 답변할 수 있을 것입니다.

4장

한 가지
성취로
만족할 것인가?

계속해서 꿈꾸고 이루는 법

푸른 물감은
쪽풀보다 푸르다

• 교육 •

군자가 말했다.
"배우는 일은 멈추면 안 된다. 푸른 물감은 쪽풀에서 취했지만 쪽풀보다 더 푸르고, 얼음은 물로 만들었지만 물보다 더 차갑다."

君子曰
學不可以已 靑取之於藍 而靑於藍 冰水爲之 而寒於水

군자왈
학불가이이 청취지어람 이청어람 빙수위지 이한어수

〈권학편〉1장

스승보다 더 나은 제자를 칭찬할 때 "청출어람이구나"라고 말합니다. 상사보다 더 나은 부하나 선배보다 더 나은 후배를 칭찬할 때도 마찬가지입니다. 청출어람은 사설 학원의 이름으로도 심심치 않게 찾아볼 수 있습니다.

스승보다 나은 제자는 어디에서나 나타난다

청출어람은 '푸른 물감은 쪽풀에서 취했지만 쪽풀보다 더 푸르다'라는 뜻으로, 《순자》에서 나온 사자성어입니다. 푸른 물감은 푸른색의 쪽풀을 원료로 만들지만 쪽풀보다 더 푸르고, 먹은 검은색의 나무 재를 짓이겨 만들지만 검은 재보다 더 검습니다.

순자는 공자를 떠나서는 존재할 수 없는 유학자입니다. 공자의 유학을 누구보다도 깊이 공부했고, 다양한 시각으로 연구했던 학자입니다. 전국시대 유학의 실천화를 위해 노력하며 공자의 길을 따랐던 유학자입니다.

순자는 교육의 중요성을 말합니다. 바르고 적절한 교육과 학습이 있다면 언제 어디서나 스승보다 더 나은 학생이 될 수 있다는 것을 《순자》의 첫 문장을 통해 강조했습니다. 공자의 제자들이 쓴 《논어》도 학(學)에 관한 문장으로 시작합니다.

공자께서 말씀하셨다.

"배우고 때때로 익히니 기쁘지 아니한가. 친구가 먼 곳에서 오니 즐

겹지 아니한가. 남이 알아주지 않아도 서운해 하지 아니하니 군자
가 아니겠는가.”

《논어》〈학이편〉1장

군자는 말한다.
“학문은 하지 않을 수가 없다. 푸른 물감은 쪽풀에서 취하지만 쪽풀
보다 더 푸르고, 얼음은 물로 이루어졌지만 물보다 더 차갑다.”

《순자》〈권학편〉1장

“배우고 때때로 익히니 기쁘지 아니한가”라는 공자의 말은
부드럽고 따뜻하게 느껴지지만 “학문은 하지 않을 수가 없는
것이다”라는 순자의 첫마디는 단정적이고 차가운 느낌이 듭니
다. 표현은 달라도 공자나 순자나 가장 먼저 '학'에 관해 당부하
고 싶어 했습니다. 학문이 중요하다는 사실은 춘추 시대와 전
국 시대가 다르지 않았고, 지금 역시 다르지 않습니다.

청출어람의 삶을 만드는
유일한 방법

순자는 제자들에게 이렇게 말했습니다.
“너희들이 이 극악한 난세의 춘추 전국 시대를 극복하고 벗

어나기 위해 가장 먼저 해야 할 일이 있다면 그것은 바로 학습이다. 내가 주장한 천론, 예론, 성악론도 중요하지만 그것은 모두 배움이 필요한 이유에 불과하다고 볼 수 있다. 자고로 배우지 않고 사람답게 산 사람이 없었고, 배우지 않고 바른 리더가 된 이도 없었다. 청출어람의 시작은 바로 배움에서 시작되는 것이다."

순자의 말을 현대에 적용하면 어떤 표현으로 바꿀 수 있을까요? 선생님이라면 제자들에게 이렇게 말할 수 있을 것입니다.

"예전에 그림을 그릴 때 쓰던 푸른색의 물감은 쪽이라는 풀에서 그 원료를 뽑았습니다. 이 푸른 물감으로 쪽풀을 그리면 들판의 쪽풀보다 더 푸르고 생생하게 보입니다. 여러분은 분명 여러분을 가르치는 저보다 훨씬 유능하고 훌륭한 사람이 될 수 있습니다. 그런 사람이 되는 데 필요한 것은 머리도 아버지의 돈도 아닌 단 한 가지, 배움과 학습뿐입니다."

한 조직의 과장이라면 신입 사원에게 이렇게 말할 수 있을 것입니다.

"반갑습니다. 회사의 리더로 성장할 여러분에게 한 가지만 당부하겠습니다. 바로 학습입니다. 그간 학교에서 힘든 시간을 보냈겠지만 공부다운 공부는 이제부터 시작입니다. 이제 생생히 활용할 수 있는, 살아 있는 공부를 해야 할 시간입니다. 앞으로 3~4년 동안 업무에 도움이 되는 학습을 어떤 자세로 하느냐에 따라 여러분의 20년 혹은 30년 직장 생활의 명운이 갈린다는 것을 유념하기 바랍니다. 여러분 중 누군가는 지금껏 그 어떤 선배도 만들지 못한 명품을 만드는 주인공이 될 것입니다. 청출어람의 시작과 끝은 학습과 연구에 있다는 사실을 잊어서는 안 됩니다."

퇴직자라면 재직자에게 이렇게 말할 수 있습니다.

"퇴직 후에 더 당당해지려면 어떻게 해야 할까요? 첫 번째 방법은 학습입니다. '그동안 해 온 내 업무 능력을 강화할 수 있는 방법이 없을까?'라는 고민이 있다면 매일 하는 업무에서 내 강점 업무를 찾아야 합니다. 이를 단련해 자신의 브랜드로 만들고자 집중하면 됩니다. 그 집중의 방법이 바로 학습입니다. 자신이 좋아하는 것을 다시 탐색하고 선택해야 합니다. 문제는 선택에 있지 시간에 있지 않습니다. 행복한 퇴직 후의 삶을 더 아름다운 청출어람의 삶으로 만들고 싶다면 '나의 강점 학습'이 선행되어야 합니다."

유권자라면 출마자에게 이렇게 말할 수 있습니다.

"대통령, 국회 의원에 출마해 정말 대통령다운 대통령, 국회 의원다운 국회 의원이 되기 위해 가장 먼저 해야 할 일이 있다면 충분히 학습하는 것입니다. 급과 격에 맞는 충분한 학습 없이 준비가 미진한 인사가 자신의 욕망으로 정책을 밀어붙인다면 스스로는 물론 국민과 시민 모두에게 해가 되기 때문입니다. 전임자보다 훌륭한 청출어람의 정치인이 되려면 역시 학습이 먼저입니다."

쪽풀도 아니었던 과거의 나

중학생 때 저는 제가 친구들보다 훨씬 낫다고 생각했습니다. 공부도 잘하고 글짓기도 잘했기에 '나는 고등학생이 되어도 잘할 것'이라고 자만했습니다. 그런데 고등학교에 진학하고 나니 그 생각이 큰 착각이었다는 사실을 깨달았습니다. 친구들이 쪽빛 풀이었다면 저는 연한 색의 풀도 아니었습니다. 대학생이 된 저는 동기들의 반도 따라가지 못하고 있었습니다.

아버지가 살아 계실 때 저는 제 인생이 아버지의 인생보다 훨씬 낫다고 생각했습니다. 대학을 졸업해 대기업에서 일한다는 것 때문이었습니다. 아버지가 돌아가시고 제가 그 나이가 되어 보니 큰 착각에 불과했습니다. 아버지가 얼음이라면 저는 물도 아니었습니다. 아버지 나이가 된 저는 아버지 인생의 반도 따라가지 못하고 있었습니다.

퇴직하기 전까지 저는 스스로 선배들보다 훨씬 낫다고 생각했습니다. 더 똑똑할 뿐 아니라 더 많은 실적과 성과를 냈다고 믿었고, 미래를 탄탄히 준비했다고 생각했습니다. 나이가 들어

퇴직하고 밖에 나와 보니 큰 착각이었다는 것을 깨달았습니다. 선배들이 두꺼운 얼음이라면 저는 그 아래에서 흐르는 물조차도 아니었습니다. 선배들의 나이가 되었을 때 저는 선배들의 인생 반쯤도 따라가지 못하고 있었습니다.

높은 곳에 올라가야
널리 볼 수 있다

• 학문 •

나는 일찍이 종일 생각해 보았으나 잠깐이라도 배워서 얻는 것만 못했다.

吾嘗終日而思矣 不如須臾之所學也

오상종일이사의 불여수유지소학야

〈권학편〉 2장

청출어람은 배우고 익히는 과정을 통해야 만들어지는 결과입니다. 스승이 아무리 훌륭하고 가르치는 기술이 탁월해도 배우는 학생 스스로가 그럴 마음이 없다면 그 끝은 보나 마나입니다. 공자께서도 《논어》에서 배움에 대해 이렇게 말했습니다.

"내 일찍이 낮에는 먹지도 못하고 밤에는 잠도 못 자면서 생각해 보 았으나 도움되는 것이 없었다. 배움만한 것이 없었다."

《논어》〈위령공편〉 30장

어려운 일을 쉽게 만드는
단 한 가지 무기

세상에 쉬운 일은 별로 없습니다. 가치 있고 돈이 되는 일은 더 어렵습니다. 쉬운 일이 없으니 생각과 고민이 많아집니다. '어떻게 할까?', '어떻게 풀까?'라고 고민하며 제대로 먹지도, 자 지도 못하면서 끙끙거려도 뾰족한 수가 보이지 않습니다.

앞서 언급한 공자의 말은 그러니 우리는 어떤 일을 잘하는 사람, 잘 아는 사람, 잘 설명한 책을 통해 배우고 익혀야 한다는 의미입니다. 공부와 학습이 지름길이라는 결론입니다. 그로부 터 200여 년 후 순자도 같은 이야기를 합니다.

"나는 일찍이 종일 생각해 보았으나 잠깐이라도 배워서 얻는 것만 못했다. 바람을 따라 소리치면 소리가 더 커지는 것은 아니지만 분 명히 들리며, 수레와 말을 타면 발이 더 빨라지는 것은 아니지만 천 리 길을 갈 수 있으며, 배와 노를 이용하면 물에 익숙지 않더라도 강을 건너갈 수 있다. 군자는 나면서부터 남과 달랐던 것이 아니라 사물을 잘 이용할 줄 아는 것이다."

《순자》〈권학편〉 2장

　총 32편으로 이루어진 《순자》의 가장 첫 번째 편명은 바로 '학문을 권한다'는 뜻의 '권학(勸學)'입니다. 제자들이 스승의 말을 기록해 만든 《논어》와 달리 《순자》는 순자 본인이 대부분을 집필했습니다. 책의 가장 중요한 첫 번째 편이 〈권학편〉이라는 데서 순자가 그만큼 학문을 중요하게 생각했다는 것을 알 수 있습니다. 《순자》는 약 1,600여 자로 적은 〈권학편〉에서 학문의 필요성과 공부하는 방법을 논합니다.

"높은 산에 올라가 보지 않으면 하늘이 높은 것을 알지 못하고, 깊은 계곡 가까이 가 보지 않으면 땅이 두텁다는 것을 알지 못한다. 일찍이 나는 발돋움을 하고 바라본 일이 있었으나 높은 곳에 올라가 널리 보는 것만 못했다.

나무는 먹줄을 따르면 곧아지고 쇠는 숫돌에 갈면 날카로워지는 것처럼 군자도 널리 배우며 매일 자기에 대해 생각하고 살피면 앎이 밝아지고 행동에 허물이 없을 것이다. 오나라나 월나라나 오랑캐의 자식들도 태어났을 때는 같은 소리를 내지만 자랄수록 풍습이 달라지는 이유는 가르침이 다르기 때문이다."

《순자》〈권학편〉 1장

19세기 즈음의 조선 후기, 유배지에 있던 다산 정약용 선생은 양계를 한다는 고향의 아들에게 이런 내용의 편지를 보냈습니다.

"네가 양계를 한다는 말을 들었다. 진실로 농서를 숙독해서 좋은 방법을 골라 시험을 통해 닭이 살찌고 번드르르하며 다른 집보다 번식도 더 낫게 해야 한다. 기왕 닭을 기른다면, 모름지기 백가(百家)의 책에서 닭에 관한 글을 베껴 모아 《계경(鷄經)》이라는 책을 만들어 보는 것도 좋겠구나."

정약용, 《여유당전서》

　　학교에서 배우는 공부를 하는 것도 중요하지만 정약용 선생이 일러 준 일상에서의 공부도 매우 중요합니다. 사람의 평균 수명이 90세라면 초등학교, 중학교, 고등학교, 대학교에서 보내는 약 16년은 인생의 18%에 해당하는 시간입니다. 이 18%의 시간을 죽어라 학교 공부에 쏟아 이후 인생의 80%에 준하는 시간을 순조롭게 보내는 사람도 많지만 사회에 나와 직장을 잡은 뒤 내 일을 공부해 멋지게 사는 사람도 적지 않습니다.

　　닭을 키우면서 닭에 관한 책을 쓸 정도의 집중적인 공부를 한다면 그 결과는 누가 봐도 다를 것입니다. 직장에서 인사 업무를 하면서 인사에 관한 책을 한 권 쓸 정도로 집중적으로 공부한다면 결과는 확실히 다를 것입니다. 물론 일하면서 공부하기란 쉽지 않습니다. 일하지 말고 공부만 하라고 해도 쉽지 않은데, 일하면서 공부하고 책을 읽으려면 반드시 전략이 필요합니다. 의욕만 앞세운다고, 목표를 분명하게 세운다고 되는 일도 아닙니다.

누구든 퇴직을 하면 전 직장에서의 시간을 반추합니다. 시간을 되돌리다 보면 재직 당시에는 절대로 보이지 않았던 것들이 보입니다. 하지만 그때는 너무 늦습니다. 되돌아갈 수 있는 상황이 아니기 때문입니다.

그래서 20년 동안 인사 업무를 하고 인사부장이 되어도 전문가 소리를 듣지 못하는 인사부장, 20년 영업 업무를 하고 영업부장이 되어도 전문가 소리를 듣지 못하는 영업부장의 일화를 공공연하게 들을 수 있습니다. 부하 사원들 앞에서만 인사부장이고 영업부장이지 다른 기업의 유능한 인사부장, 영업부장과 비교해 보면 무늬만 부장인 20년 경력자가 적지 않습니다.

오십에, 어쩌면
그 이전에 배워야 하는 이유

"기우제를 지내면 비가 오는 것은 어째서인가? 그것은 아무것도 아니다. 기우제를 지내지 않아도 비는 온다."

순자의 말입니다. 그렇습니다. 경제 환경이 나빠지면 기업은 구조 조정을 하는데 이때 보통은 나이가 많은 직원을 내보냅니다. 왜일까요? 사실 구조 조정 자체는 아무것도 아닙니다. 불경기가 아니어도 구조 조정은 시행되고 일부 직원들은 회사를 떠나야 합니다.

저도 구조 조정의 대상이 된 운 나쁜 직원이었습니다. 제가 그렇게 회사를 나온 부장이었습니다. 10년간 인사 업무를 하고 인사부장이 되었지만 전문가 소리를 듣지 못하는 그런 부장이었습니다.

구조 조정의 덫에 걸려든 나이는 마흔다섯이었습니다. 허리를 숙이고 머리를 조아리면 피할 수도 있었겠지만 저는 잘 다니던 회사를 하루아침에 떠났습니다. 20년을 일한 익숙한 곳에서 나오자 어색한 삶이 시작되었습니다. 다른 사람은 몰라도 회사나 상사가 나만은 끝까지 보호해 줄 것으로 깊게 믿었지만 그것이 혼자만의 착각이라는 사실을 깨닫는 데는 긴 시간이 필요하지 않았습니다.

갈 곳 없는 배신감에 스스로를 원망하면서 가슴을 쳤지만 아무것도 돌아오지 않았습니다. 아침에 출근할 곳이 없어졌다는 상실감도 극복하기 쉽지 않았지만, 미래에 대한 두려움이 더 큰 압박으로 다가왔습니다. 통장 잔고가 줄어드는 속도는 퇴직 전보다 두 배 이상 빨랐습니다. 매달 들어오던 월급은 사라졌는데 매달 들어가는 생활비는 줄지 않았기 때문입니다.

기우제에 상관없이 때가 되면 비가 오듯 퇴직은 외부 조건에 상관없이 다가옵니다. 실제로 맞이한 퇴직은 생각과 많이 달랐습니다. 마음으로는 튼튼한 만리장성 같은 성벽을 쌓아 대비했다고 생각했지만 혼란스러웠습니다. 생각지도 못한 황당한 중년 생활이 시작되었습니다. 마흔다섯이라는 나이에 너무 빠르게 인생의 춘추 시대가 저물고, 육십을 향한 더 치열한 전국 시대가 시작되었습니다.

수천 년 전부터 그토록 현명한 현인들이 하나같이 가르치려 했던 공부의 중요성을 깨닫지 못하고 학습의 실행을 소홀히 한 것에 대한 보복을 받았습니다. 공자도, 순자도, 송나라 주자도, 조선의 율곡 이이도, 다산 정약용도 구구절절 그렇게 강조했던 삶의 학습을 멀리한 것에 대한 보복을 퇴직 후에 보기 좋게 당하고 말았습니다.

둔한 말도 느릴 뿐
천리마를 따를 수 있다

• 지속 •

준마라도 한 번에 10걸음은 갈 수 없고, 노둔한 말도 10번 끌면 천리
마에 미칠 수 있다.

騏驥一躍 不能十步 駑馬十駕 則亦及之

기기일약 불능십보 노마십가 즉역급지

〈권학편〉 5장

가까이에 무엇인가를 꾸준히 실천하는 사람이 있다는 것은
큰 행운입니다. 저는 그 사람의 담백한 메일과 SNS를 통해 그
의 활동을 보고 듣고 읽으면서 스스로를 자주 되돌아봅니다.
저에게 이같은 성찰의 기회를 주는 사람은 바로 행복 편지를
쓰는 1인 기업, '행복 플랫폼 해피허브'의 김재은 대표입니다.

행복은 발견하고 배우고 익히는 것이라는 모토를 가진 행복 디자이너로, 일단 시작한 활동은 숨 쉬듯 반복하는 존경스러운 인물입니다.

김재은 대표의 '해피허브'는 행복의 허브가 되어 가고 있습니다. 크게 빛나지 않는 어떤 일을 10년 이상 꾸준히 실천하기란 절대 쉽지 않습니다. 매주 수천 명에게 일상의 의미 있는 메시지 보내기, 매달 초에 낯선 사람들과 걷기 행사에 참여하기, 매달 보통 사람들에 의한, 보통 사람들을 위한, 보통 사람들의 강연회 진행하기…. 누구나 1~2년은 할 수 있을지도 모릅니다. 하지만 꾸준함이라는 강점이 없다면 10년 이상 이어 가기란 불가능합니다.

《순자》는 〈권학편〉에서 천리마와 둔한 말을 예로 들며 학문을 한결같은 마음으로 꾸준하게만 하면 재주의 유무와는 무관하게 큰 성과를 낼 수 있다고 했습니다. 천리마 같은 역량을 가졌다면 더없이 좋겠지만 둔한 말이라고 해도 10배의 시간과 노력을 들인다면 천리마를 따를 수 있기에 누구라도 꾸준하게만 하면 학문의 성과를 낼 수 있다고 한 것입니다.

"반걸음이 쌓이지 않으면 천 리 길도 갈 수 없고, 준마라도 한 번 뛰어 10걸음을 갈 수 없고, 둔한 말도 10배의 시간과 힘을 들여 수레를 끌면 천리마를 따를 수 있다. 공이 이룩되는 것은 중단하지 않는 데

달려 있다. 사거리에서 헤매는 자는 목적지에 이르지 못하고, 두 임금을 섬기는 자는 아무에게도 받아들여지지 않을 것이다. 두 눈은 각기 두 가지를 보지 않기 때문에 밝게 보이고, 두 귀는 각기 두 가지를 듣지 않기 때문에 분명히 듣는 것이다."

《순자》〈권학편〉 5장

모든 나이가
시작하기에 적당하다

많은 50대, 60대, 70대는 지난 경력과 삶을 뒤돌아본 후 새로운 도전을 고민하다가 결국 꼬리를 내리고 오늘에 안주합니다.

50대는 말합니다.

"새로운 도전, 30대는 빠르고 40대는 적당하고 50대는 너무 늦어요."

60대는 말합니다.

"새로운 도전, 40대는 빠르고 50대는 적당하고 60대는 너무 늦어요."

70대는 말합니다.

"새로운 도전, 50대는 좋고 60대도 가능하지만 70대는 너무 늦어요."

50대도 늦었고 60대도 늦었고 70대도 늦었다는데 누구의 말이 맞고 누구의 말이 틀릴까요? 모두 맞는 말 같기도 하고 모두 틀린 말 같기도 합니다.

그런데 어떤 50대는 이렇게 말합니다.

"50대가 시작하기에 가장 적절한 나이입니다. 이제까지의 경험을 살린다면 지금처럼 좋은 때가 없습니다. 세상을 보는 눈도 생겼고, 경력도 튼튼하고 도와줄 만한 인맥도 있기 때문입니다."

어떤 60대는 이렇게 말합니다.

"60대가 시작하기에 가장 적절한 나이입니다. 내가 하고 싶은 것을 해 볼 수 있는 최적의 나이가 60대입니다. 이제는 내가 하고 싶은 그 어떤 것을 해도 누가 뭐라고 하지 않습니다."

어떤 70대는 이렇게 말합니다.

"70대가 시작하기에 가장 적절한 나이입니다. 지금까지 하고 싶은 일을 못하고 평생을 다른 이를 위한 의무감으로 살았다면, 70대는 원하는 일을 해 볼 마지막 시기일 수 있기 때문입니다. 70대 이후로는 건강을 비롯해 많은 제약이 따라올 가능성이 높습니다."

그렇습니다. 50대도 60대도 70대도 모두 가능한 나이입니다. 인생의 목표가 '아무것도 하지 않는 것'이라 해도 그렇게 살기란 쉽지 않습니다. 물론 새로운 목표를 정하고 도전하는 것도 쉽지 않습니다. 그래도 아무것도 하지 않는 것과 무언가를 하는 것, 둘 중 하나를 선택하라면 후자가 쉽다는 것을 사람들은 알고 있습니다. 아무것도 하지 않은 채 그저 쉬기만 하는 것은 어쩌면 죽음보다 더 힘들기 때문입니다.

그러니 어떤 일이든 1년 혹은 딱 2년만 해 보겠다고 선택하는 것도 나쁘지 않습니다. 1년 혹은 2년이라는 시간이 아까울 수도 있지만 작년과 재작년에 무엇을 했는지 되돌아보면 꼭 그렇지도 않습니다. 주저주저하면서 어정쩡하게 시간을 보내는 것보다 시간 낭비가 될지라도 무엇이든 도전한다면 삶과 세상이 달라질지도 모릅니다.

목표만 세우면 실행은 어렵지 않습니다. 30권의 책만 읽어도, 100개의 유튜브 강의만 들어도 가능한 일이 많기 때문입니다. 나이가 아닌 선택의 문제입니다. 무엇인가를 선택했다면 다음은 꾸준함의 문제입니다.

'나이는 숫자에 불과하다'를 몸으로 깨닫다

제 인생의 전국 시대는 퇴직과 함께 시작되었습니다. 호기롭게 명예퇴직서에 도장을 꾹 눌러 찍고 회사를 나왔으나 막상 할 수 있는 일도, 할 만한 일도 없었습니다. 회사에서는 20년 동안 인사 업무를 잘 숙달한 부장이었지만 회사 밖에서는 무슨 일이든 어리숙하고 어색한 중년이었습니다.

명예퇴직 후 가장 큰 문제는 역시 돈이었습니다. 회사를 다닐 때는 언제 시작하고 끝날지 모르는 출퇴근 시간의 빡빡함, 밀물처럼 조여드는 업무의 강한 압박감, 상사로부터 끝없이 쏟아지는 업무의 긴장감을 피하기 어려웠지만 그래도 한줄기, 월급이라는 희망이 있었습니다. 회사를 나와서야 다른 사람의 주머니에 있는 돈을 내 주머니로 옮기는 일이 얼마나 어려운지 확실히 깨달았습니다.

반짝이는 아이디어도 없었고, 설사 아이디어가 있다손 치더라도 그것을 치고 나갈 만한 실행력도 없었기에 '회사 맞춤형 인간'의 역할을 막 그만둔 시기에 바로 다른 역할을 맡기는 무리였습니다. 새로운 환경에 연착륙하는 데 생각보다 더 많은 시간이 필요했습니다.

당시에는 주저주저하면서 오랜 시간을 축냈지만 어찌 멋진 도약을 원치 않았겠습니까? 명예퇴직으로 인생 중간에 멈춘 경력자가 되었지만 한 번뿐인 삶인데 어찌 재기를 꿈꾸지 않았겠습니까? 세상에 경력이 멈춘 사람이 한둘도 아니고, 그 모두가 실패한 인생을 사는 것도 아닌데 어찌 새 희망을 품지 않았겠습니까?

1인 창업을 시작한 지 2년 만에 20억 원을 거머쥔 누군가의 마술 같은 이야기, 강의를 시작한 지 2년 만에 억대 수입을 버는 명강사가 되었다는 이야기, 3,000만 원 투자로 수십억 원의 자산가가 되었다는 주식 천재의 이야기, 첫 번째 책이 베스트셀러가 되어 높은 인세를 받아 노후 준비를 한 방에 끝냈다는 이야기, '나와 같은 평범한 사람도 이렇게 성공했으니 당신도 나처럼 될 수 있다'는 요술 같은 희망을 주고 싶어 하는 저자들의 책이 저를 유혹하기도 했습니다.

어느 집의 책장에서든 이런 내용의 책을 한두 권씩 발견하는 것은 그리 어렵지 않지만 책을 쓴 저자처럼, 책의 내용처럼 성공한 사람은 찾아보기 어렵습니다. 만약 책을 읽고 성공했다면 그 사람도 이미 비슷한 분야 도서의 저자가 되었을 것입니다. 그랬다면 전국의 서점은 성공한 자들의 책으로 도배되었을 텐데 현실은 그렇지 않습니다.

세상에는 분명 능력 있고 탁월한 소위 '난 사람들'이 있습니다. 그들은 세상을 보는 눈도 성공으로 가는 수단을 택하는 안목도 탁월합니다. 그들에게 세상의 시선이 집중되는 것도 당연합니다. 하지만 대부분의 사람은 그렇지 않습니다. 당연히 저도 잘나고 능력 있는 사람이 아닙니다. 그러니 퇴직 후 삶이 복잡해졌고 미래를 보기가 어려웠습니다.

이미 많은 사람이 원하는 삶, 꿈꾸던 삶, 이전과 다른 삶을 사는 데 나이는 중요하지 않다는 것, 오히려 중요한 것은 선택이라는 것을 알고 있습니다. 무엇인가 선택했다면 다음은 꾸준함의 문제라는 것도 모르지 않습니다. 그런데 그것이 나의 문제가 되고 보니 말처럼 쉽지 않았습니다.

군자는 스스로의
아름다움을 위해 학문한다

· 목적 ·

군자의 배움은 귀로 들어와 마음에 붙어서 온몸으로 퍼져 행동으로
나타난다.
소인의 배움은 귀로 들어와 입으로 나온다.

君子之學也 入乎耳 箸乎心 布乎四體 形乎動靜
小人之學也 入乎耳 出乎口

군자지학야 입호이 저호심 포호사체 형호동정
소인지학야 입호이 출호구

〈권학편〉 8장

  50년쯤 전 대부분의 시골 마을에는 '4H'라는 조직이 있었습
니다. 1970년대 새마을 운동과 연계해 마을 내 환경 미화 및 농
업 기술 향상에 관한 다양한 교육과 활동을 주관한 단체입니

다. 1900년대 초 미국에서 시작된 4H는 머리(Head), 마음(Heart), 손(Hand), 건강(Health)의 약자로 국내에서는 각각 지(智), 덕(德), 노(勞), 체(體)로 번역해 사용했습니다. 50년 전의 아련한 기억입니다.

현대 지식 사회에 필요한 3H 지식이 있다고들 합니다. 바로 머리(Head)에 있는 지식, 가슴(Heart)에 있는 지식, 손(Hand)으로 실천하는 지식입니다. 오감을 통해 들어온 지식은 머리로 모입니다. 지식은 많이 듣고, 많이 보고, 많이 느끼고, 많이 쓰면서 자랍니다. 머릿속 지식보다 더 중요한 것은 가슴과 마음으로 느끼는 지식입니다. 느낌이 없는 지식은 죽은 지식이기 때문입니다. 느낌이 손발을 움직이는 원동력이기에 더 그렇습니다. 결국 지식과 지혜의 쓰임은 행동을 통한 실천에 있습니다.

나의 행복을 위해 공부하라

순자는 이미 2,300년 전에 학문의 방법을 밝혔습니다.

"군자가 배움을 구하는 방법은 유익한 것이 귀에 들어오면 그것을 마음속에 간직하고 온몸으로 익혀 행동으로 실천하는 것이다. 그러니 그가 간단한 말과 작은 움직임이라도 모두 다른 사람이 본받을 기준이 될 수 있다. 소인은 유익한 것이 귀에 들어오면 곧바로 입으로 뱉는다. 입과 귀 사이는 네 치밖에 안 되니, 어떻게 일곱 자나 되는 몸을 아름답게 변화시킬 수 있겠는가?

옛날 배우는 사람들은 자신을 위해 학문을 했는데 요즘의 배우는 자들은 남에게 잘 보이기 위해 학문을 한다. 군자가 학문을 하는 것은 자신을 아름답게 하기 위해서고 소인이 학문을 하는 것은 남에게 내놓아 이용하기 위해서다. 군자는 반드시 고을을 가려 살며, 반드시 어진 선비들과 어울려 노는데, 이것은 악해지고 삐뚤어지는 것을 막아 올바름으로 가까이 가고자 하기 때문이다."

《순자》〈권학편〉 8장

아무리 공부를 많이 하고 좋은 대학에서 석박사 과정을 밟았다 해도 행동과 실천이 그 공부를 따라가지 못하면 소인이라 합니다. 스스로 실천하지 못하면서 귀로 배운 것을 입으로 바쁘게 토해 내기만 한다면 그가 바로 소인입니다. 힘 있고 빛나는 자리를 꿰차고 있어도 도리에 어긋나는 행동으로 사람들에게 피해를 준다면 그의 깊은 지식은 그저 천박한 돈벌이 수단에 지나지 않습니다. 듣고 배운 대로 토해내기만 하는 리더라면 차라리 돈과 권력을 모르는 인공 지능이 훨씬 더 매력적입니다. 리더는 조직을 이끌며 사회 전체에 영향을 미치는 존재입니다. 리더의 공부다운 공부가 중요한 이유입니다.

중년에 하는 공부는 귀로 들어와, 마음에 붙어서, 온몸으로 퍼져, 행동으로 나타나는 공부여야 합니다. 본의 아니게 귀로 들어와 바로 입으로 나오는 공부를 지금까지 했다손 치더라도 이제부터는 마음에 남고 행동으로 실천하는 공부를 하는 편이 더 좋습니다. 젊어서 하는 공부는 취업이나 승진을 위해 기업이나 상사에게 잘 보이기 위해서였다면 중년에 하는 공부는 자신을 아름답고 행복하게 하는 자신을 위한 공부여야 합니다.

용기 없고 어색했던 나의 오십

세상에 변화하지 않는 것은 없다는 사실을 알면서도 막상 스스로 변화하기란 어렵습니다. 모두가 그저 그렇게 사는 게 잘 사는 것이라 말할 때 내가 원하는 삶을 살아야겠다는 용기를 내기란 쉽지 않습니다.

전 직장에서 제가 맡은 업무는 크게 두 가지였습니다. 반도체 엔지니어링, 교육과 인사였습니다. 20년이라는 짧지 않은 시간을 회사에서 일했지만 회사 밖에서 활용할 만한 업무 전문성을 완성하지는 못했습니다. 반도체 전문 엔지니어라고 부르기에도 무언가 부족하고 인사 전문가라 부르기에도 다소 부족했습니다. 제가 2% 부족한 경력자였다는 것을 퇴직하자마자 바로 알았습니다.

퇴직 후 휴식 시간 없이 여기저기를 기웃거리며 몇 가지 할 만한 일을 알아보았지만 바로 무언가를 시작할 용기는 나지 않았습니다. 1~2억 원만 투자한 뒤 본사에서 시키는 대로 하면 안정적인 수입이 보장된다는 프랜차이즈 사업에도 마음이 내키지 않았습니다. 재취업을 위해 한두 군데 면접도 보았지만 그 역시 성에 차지 않았습니다. 그러다 퇴직 후 6개월 만에 헤드헌터가 되었습니다. 초기 투자금이 필요하지 않고 출퇴근 시간도 자유로워 가벼운 마음으로 시작할 수 있었습니다.

일을 하다 보니 반도체 전문 헤드헌터가 반도체 기술과 인사 경력을 가진 저에게 더할 나위 없이 좋은 조건의 직업이라는 것을 알았습니다. 무엇보다 출퇴근 시간이 자유롭다는 점은 저에게 아주 큰 행운이었습니다. 고민하던 두 가지 문제가 한꺼번에 해결되었기 때문입니다. 바로 시간 선택의 자유와 생활비였습니다.

먼저 출퇴근 시간의 치열함과 지각의 공포에서 벗어난다는 것은 색다른 쾌감으로 다가왔습니다. 20년 직장 생활 동안 느꼈던 조직과 상사의 압박, 리더십으로 인한 독서의 부담감이 어깨에서 사라지니 읽을 책의 선택이 자유로웠고 어떤 책을 읽어도 즐거웠습니다. 헤드헌터 업무를 시작한 지 2년 정도 되었을 때 두 번째 책 《나이아가라에 맞서라》를 출간했는데, 여기에는 퇴직 후의 새로운 직업에 관해 공부한 내용을 담았습니다. 헤드헌터로서 살아남기, 올바른 전직과 이직의 방법에 관한 헤드헌터의 조언, 채용 프로세스 등 그동안 해 온 인사 업무를 재정리하듯 적었습니다. 현장에서 바로 사용할 수 있고 또 사용하고 있는 책입니다.

또 헤드헌터라는 고정적인 일은 생활비의 공포로부터 저를 구제해 주었습니다. 《밥줄을 놓치면 꿈 줄도 놓친다》라는 졸저는 그때를 생각하면서 쓴 책입니다. 기본적으로 필요한 한 달 생활비를 마련하지 못하면서 꿈을 입 밖으로 내는 것은 쉽지 않기 때문입니다. 하고 싶은 일을 하지 못하면서 생활비 때문에 어색한 일을 선택한 이유는 스스로 제 강점을 몰랐기 때문이었습니다. 20년이라는 경력에도 제가 잘하는 강점이 없다고 생각했기 때문이었습니다.

스승을 가까이하면
쉽게 길을 건넌다

· 멘토 ·

배우는 데는 스승을 가까이하는 것보다 더 좋은 것이 없고, 스승이
될 만한 사람을 좋아하는 것보다 더 빠른 길이 없다.

學莫便乎 近其人 學之經 莫速乎好其人

학막편호 근기인 학지경 막속호호기인

〈권학편〉 9장

청년에게 멘토가 필요하듯 중년에게도 멘토가 필요합니다.
청년은 모든 것이 처음이라 무엇부터 해야 할지 막막하기 때문
이고, 중년은 지금이 마지막 기회일 수도 있어 두려워하기 때
문입니다. 노력해서 성공하기 힘든 시대라고들 하지만 스승다
운 스승을 만난다면 결과는 분명히 달라집니다.

모방 없는
발전은 없다

공자는 "세 사람이 길을 가면 그중에 반드시 나의 스승이 있다. 그중 잘하는 사람을 보면 그를 따르고, 못하는 사람을 보면 스스로를 되돌아보며 그를 반면교사로 삼아야 한다"라고 말했습니다.

하지만 스승 찾기는 말처럼 만만한 일이 아닙니다. 나보다 잘난 사람을 보면 질투하기에 바쁘고 나보다 못한 사람을 보면 무시하기에 여념이 없습니다. 스승으로 삼을 만한 사람을 찾는 것도 어렵지만 설사 그런 사람을 찾았다손 치더라도 오랫동안 한마음으로 따르기는 만만치 않습니다.

그럼에도 왜 좋은 스승을 찾아야 할까요? 직접 시행착오를 겪는 것도 나쁘지는 않지만 앞선 사람들의 시행착오와 경험의 지혜를 얻을 수 있다면 굳이 돌아갈 필요가 없기 때문입니다. 모방하지 않고 창조할 수 있는 사람이 얼마나 될까요?

창조는 모방을 통해 이루어집니다. 전자 제품도 그렇고 아이돌의 현란한 댄스도 그렇습니다. 건축물도 그렇고 자동차도 그렇습니다. 유명 작가도 그렇고 청중을 쥐락펴락하는 명강사도 그렇습니다. 배우거나 따라 하지 않고 처음부터 새로운 것을 만들어 내기란 어쩌면 불가능할지도 모릅니다. 석박사 학위의 논문 집필도 그렇습니다. 선임 연구자의 연구가 없다면 평생을 공부해도 학위를 따기 어려울지 모릅니다.

누구나 어떤 일에 익숙해지려면 시행착오라는 징검다리를 건너야 합니다. 그 징검다리가 눈에 보이면 나름대로 보폭을 조절해 가면서 어렵지 않게 건널 수 있습니다. 하지만 징검다리가 물속에 잠겨 있고 그 위치를 정확하게 알려 주는 사람이 없다면 단 한 걸음을 떼는 일에도 엄두가 나지 않을 것입니다.

순자 역시 스승의 필요성을 강조했습니다. 스승을 찾아 배우지 않으면 배움 자체가 거의 불가능했을 춘추 전국 시대라는 배경도 한몫했겠지만, 순자는 "스승을 가까이하는 것보다 편리한 방법은 없고, 그 스승을 좋아하고 따르는 것보다 빠른 방법은 없다"라고 했습니다. 스승을 멘토로 바꾸어 읽어 보아도 어색하지 않으니 예나 지금이나 배우는 방법은 크게 다르지 않은 듯합니다.

"배우는 데는 스승을 가까이하는 것보다 더 좋은 것이 없다. 예와 악에 관한 경전은 원칙은 있으나 설명이 없고, 《시경》과 《서경》은 옛일만 기재한 것으로 현실에는 절실하지 않고, 《춘추》는 축약되어 빠른 이해가 어려우니 스승이 될 만한 사람을 따라 군자의 학설을 배워 익힌다면 덕이 높아지고 식견이 넓어져 세상사에 두루 통달할 것이다.

배우는 데는 스승이 될 만한 사람을 좋아하는 것보다 더 빠른 길이 없다. 예의를 존중하는 것은 그다음이다. 스승이 될 만한 사람을 좋아하지 못하고 예의를 존중하지 못한다면 결국 잡된 기록의 책이나 공부하고 《시경》과 《서경》의 문구만 따라가며 읽을 뿐이니, 그렇게 되면 일생을 마치도록 고루한 선비가 되는 것을 면치 못할 것이다.”

《순자》〈권학편〉 9장

과거의 경험을 살려
바라던 모습을 이루다

헤드헌터 일을 시작한 지 1년 만에 헤드헌팅 회사를 창업했습니다. 배움의 기간이 길지는 않았지만 이전 기업에서의 경험 덕분에 어느 정도 자신감이 생겨 사무실을 얻고 채용 전문가를 모았습니다. 저보다 먼저 이 비즈니스를 시작해 잘 경영하고 있는 선배들과의 관계 형성에도 신경 쓰면서 운영했습니다.

순자는 “사람의 본성이나 천성도 배우고 노력하면 누구나 바뀔 수 있다”라고 말했습니다. 사람의 본성도 노력으로 바뀔 수 있다면 우리의 삶과 경력, 우리의 일 또한 그렇다고 생각합니다. 세상 모든 일까지는 아니더라도 대부분은 배우고 노력한다면 분명 불가능하지 않기에 희망이 있다고 생각합니다.

창업 몇 년 후, 제 머릿속에는 사람들 앞에서 강연하는 제 모습이 자꾸 그려졌습니다. 시간이 갈수록 나이 들고 몸을 많이 움직이기가 점점 더 어려워질 것을 알기에 강의나 강연의 매력이 더욱 크게 다가왔습니다.

'그렇다면 어디서 무엇을 강의해야 할까?', '누구를 상대로 강연해야 할까?'를 고민했고, 이때부터 사원, 대리, 과장, 부장의 삶을 살 때는 크게 느끼지 못한 석박사 학위의 힘이 다르게 보이기 시작했습니다. 아무리 좋은 주제의 강의를 잘 할 수 있어도 초청 기준이 학사, 석사, 박사로 이미 결정된다면 최종 학력 '학사'가 할 수 있는 일이 별로 없다는 사실을 오십 가까이 너무 늦게 알았기 때문입니다.

저는 강의에 대한 생각을 품고 강사를 꿈꾸다 보니 이를 위해 석박사 과정을 공부했습니다. 쉽지 않았지만 미래를 위해 선택했고, 결론적으로 학위는 저의 미래 경력에 도움이 되었습니다. 이후 대학에서 강의하는 기회를 얻었으며 이는 나중에 인문학 강연을 하는 기초가 되었습니다. 이에 저는 다시 한 번 순자의 말을 인용합니다.

"배우는 데는 스승을 가까이하는 것보다 더 좋은 것이 없고, 스승이 될 만한 사람을 좋아하는 것보다 더 빠른 길이 없다."

《순자》〈권학편〉 9장

구해서 얻지 못하면
좋아하는 바를 따르겠다

• 결정 •

내가 천하지만 귀해지고, 어리석지만 지혜로워지고, 가난하지만 부
유해지는 일이 가능하겠는가?
그것은 오직 학문을 통해서만 가능하다.

我欲賤而貴 愚而智 貧而富 可乎
其唯學乎

아욕천이귀 우이지 빈이부 가호
기유학호

〈유효편〉 6장

"천하지만 귀해지고, 어리석지만 지혜로워지고, 가난하지만
부유해지는 것이 가능하겠가?"는 순자의 오래된 질문입니다.
이에 어떤 사람은 가능하다 하고 또 어떤 사람은 가능하지 않

다고 할 것입니다. 어쩌면 젊은이는 가능하다 하고 어르신은 불가능하다 할지도 모릅니다. 세상에는 분명 기필코 만들어 내는 사람도, 노력하다 포기하는 사람도 있습니다.

그래도 다행인 것은 순자의 질문에 답이 가능하다는 것입니다. 단 한 명이라도 가능하다면 그것은 가능한 일입니다. 불가능하지 않다는 것에는 큰 의미가 있습니다.

> "내가 천하지만 귀해지려 하고, 어리석지만 지혜롭게 되려 하고, 가난하지만 부유해지려 한다면 가능한 일이겠는가? 그것은 오직 학문을 통해서만 가능하다. 배운 것을 행하면 선비라 불리고, 그것에 힘쓰면 군자가 되고, 그것에 통달하면 성인이 된다. 위로는 성인이 되고 아래로는 군자가 되는데 누가 나를 막을 수 있겠는가?"
>
> 《순자》〈유효편〉 6장

순자는 이렇게 부연 설명합니다.

> "얼마 전까지만 해도 길거리에서 언제라도 만나는 보통 사람이었는데 갑자기 군주들과 어깨를 나란히 하면서 정사에 관여한다면 어찌 천했다가 귀해지는 것이 아니겠는가? 얼마 전까지만 해도 셈도 제대로 못하면서 어려워했는데 갑자기 인과 의를 바탕으로 옳고 그름을 분별하며 세상의 흐름을 관통한다면 어찌 어리석다가 지혜로

워진 것이 아니겠는가? 얼마 전까지만 해도 구속된 죄인이었는데 사람들이 갑자기 세상에 선하게 쓰일 큰 인재가 여기 있다고 말한다면 어찌 가난했다가 부유해진 것이 아니겠는가?"

《순자》〈유효편〉6장

순자는 이 모두를 학문의 효용이라고 했습니다. 학문이 천한 사람을 귀하게 만들고, 어리석은 사람을 지혜롭게 만들고, 가난한 사람을 부유하게 만드는 유익한 것임을 강조합니다.

인생이 만만하지 않다면 목표를 바꾸어라

순자가 활동하던 전국 시대로부터 2,000년도 더 지난 지금은 학교 교육을 넘어 평생 학습과 평생 교육이 이루어지는 시대입니다. 일부 외신에서 '한국은 IT 선진국이지만 사회적으로는 아직도 왕조 시대의 교육 체제를 기반으로 움직이는 나라다. 직업과 사회적 지위는 물론 배우자마저 시험 성적에 따라 결정된다'며 곱지 않은 지적을 하지만, 학교 교육이 이루어진 이후 평생 학습의 중요성이 점점 커지고 있다는 사실은 부정할 수 없습니다.

태어나면서부터 죽을 때까지 이루어지는 평생 학습의 본질은 자기 주도성에 있습니다. 개인이 자신의 인생과 목표를 위해 평생에 걸쳐 학습 활동을 하는 것입니다. 정부나 공공 기관이 주도하는 평생 교육에는 학교의 정규 교육 과정을 제외한 학력 보완 교육, 성인 문자 해득 교육, 직업 능력 향상 교육, 인문 교양 교육, 문화 예술 교육, 시민 참여 교육 등 다양한 형태의 조직적인 활동이 있습니다. 하지만 인생 후반전을 구체적으로 준비하는 중년이라면 조금 더 세심한 관심으로 어떤 교육을 받을지 살펴야 합니다. 일반적이고 피상적인 교육은 개인의 구체적이고 개별적인 목표 달성에 크게 도움이 되지 않기 때문입니다.

많은 사람이 청년이었을 때는 더 큰 힘을 가지는 것, 더 부자가 되는 것을 인생의 목표로 삼지만 중년이 되고 인생 후반이 다가오면 목표를 살짝 바꿉니다. 대부분은 조금 더 지혜로운 사람, 이왕이면 내가 좋아하는 일을 하는 사람이 되고 싶어 합니다. 공자께서도 인생 후반에 이런 말을 했습니다.

공자께서 말씀하셨다.

"부라는 것이 구해서 된다면 비록 말채찍을 잡는 사람처럼 그런 미천한 일이라도 하겠지만 구해서 얻어지지 않는다면 내가 좋아하는 바를 따르겠다."

《논어》〈술이편〉 11장

경제적인 부나 돈을 바라는 만큼 가질 수 있다면 어떤 미천한 일이라도 마다하지 않고 열심히 임해서 부를 축적하겠지만 인생을 살다 보면 그것이 그리 만만하지 않습니다. 공자의 말은 '그렇다면 이제 어떻게 살 것인가?'를 결정해야 할 때 좋아하는 일을, 하고 싶은 일을 하겠다는 뜻입니다. 이 어구에서 시작된 '나는 좋아하는 바를 따르겠다'는 뜻의 '종오소호(從吾所好)'는 이후 비슷한 고민을 마주한 수많은 사람의 선택의 기준이 되었습니다.

어리석은 자에서
지혜로운 자로 변화한 계기

제가 가진 지식과 노하우를 나누기 시작하자 자연스럽게 제 주업은 인사 컨설턴트, 부업은 강의와 책 쓰기가 되었습니다. 주말에는 대학 강의를 고정적으로 했고 낮에는 사무실에서 헤드헌터라는 주업에 열중했습니다. 그러던 중 한문이 눈에 들어왔고 우연히 한문 공부를 다시 시작했습니다.

까마득한 한자를 되새긴 곳은 당시 사무실 근처인 석촌 호수였습니다. 사계절 내내 아름다운 그곳에서 천자문을 읊조리면서 걷기 시작한 오십의 어느 날이 제 인문학이 시작된 때입니다. 우연히 접한 《천자문》은 단지 1,000개의 무미건조한 한문이 아니라 자연, 역사, 인문, 예절, 지역, 사람의 삶이 들어 있는 여덟 글자로 형성된 아름다운 시구였습니다. 한문이 조금씩 읽히자 《논어》가 눈에 들어왔고 한 권 사서 읽었습니다.

지천명에 다시 읽은 《논어》는 새로웠습니다. 한문이 조금 익숙해져서인지 명구 하나하나가 다르게 다가왔습니다. 만약 이때 제가 논어를 읽는 것으로 끝냈다면 다른 책들과 마찬가지로 단지 좋았던 한 권의 책으로 평하고 말았을 것입니다.

당시 저는 매일 밤 운동 삼아 집 근처의 고덕천을 따라 걸었습니다. 이번에는 《천자문》 대신 《논어》를 한 문장씩 써서 들고 걸었습니다. 《논어》 한 문장을 읽으면서 40분 동안 걷는 것은 크게 부담스럽지 않았습니다. 외우려는 강박 없이 10번씩 반복해 읽다 보니 생각보다 쉽게 외워졌습니다. 물론 다음 날에 다시 읽으면 새롭게 느껴졌지만 어차피 밤마다 걸으면서 하기로 한 일이니 문제는 아니었습니다.

또 시간이 날 때마다 논어를 써 보았습니다. 처음부터 끝까지 여러 번 쓰기도 했습니다. 필사가 목적은 아니었지만 10년 이상 《논어》를 읽다 보니 그렇게 되었습니다. A4 용지 한 장에 어구를 하나씩 써 보니 약 500여 장이 되었습니다. 이를 묶어서 한 권의 책으로 만들기도 했습니다. 붓글씨에 자신이 없어 나무젓가락으로 써 보기도 했습니다. A4 용지에 한 어구씩 써서 강의 자료로 만들어 사용하기도 했습니다. 100개 정도의 명구를 뽑아 작은 카드로 만들어 수강생들에게 재미 삼아 '논어점'을 쳐 주기도 했습니다.

> **"내가 천하지만 귀해지려 하고, 어리석지만 지혜롭게 되려 하고, 가난하지만 부유해지려 한다면 가능한 일이겠는가? 그것은 오직 학문을 통해서만 가능하다."**

《순자》〈유효편〉6장

저는 순자의 이 명구를 이렇게 바꾸고 싶습니다.

"중년에 내가 천하지만 귀해지려 하고, 어리석지만 지혜롭게 되려 하고, 가난하지만 부유해지려 한다면 가능한 일이겠는가? 그것은 오직 좋아하는 공부를 통해서만 가능하다."

콩 심은 데 콩 나고
팥 심은 데 팥 난다

• 기회 •

비천한 사람은 이와 반대다.

나쁜 자들과 작당해 그와 벗하는 사람이 더욱 적어지며, 비열하게 다
투어 명성은 더욱 욕되어진다.

번거로이 수고하면서 편안함과 이익을 추구하지만 그 자신은 더욱
위태로워진다.

鄙夫反是

比周而譽愈少 比爭而名愈辱

煩勞以求安利其身愈危

비부반시

비주이예유소 비쟁이명유욕

번로이구안리기신유위

〈유효편〉 7장

'군자와 소인은 어떤 사람입니까?', '귀한 명성을 얻는 군자와 매일 더 위태로워지는 소인의 차이는 어디에서 옵니까?', '리더와 보통 사람은 어떤 사람입니까?', '귀한 명성을 얻는 리더와 일상이 매일 힘든 보통 사람의 차이는 어디에서 옵니까?'

《순자》는 이 많은 질문에 대해 〈유효편〉에서 답합니다. "콩 심은 데 콩 나고, 팥 심은 데 팥 난다"라는 속담이 떠오르는 명구입니다.

> "귀한 명성은 나쁜 자들과 친하게 지내며 얻을 수 있는 것이 아니고, 허세로 얻을 수 있는 것이 아니며, 권세로 협박해 얻을 수 있는 것이 아니고, 반드시 진실로 그러한 연후에야 얻을 수 있다.
> 그러므로 군자는 제 속을 수양하기에 힘쓰며, 밖으로는 사람들에게 사양한다. 자신에게 덕이 쌓이도록 힘쓰며, 처신은 오직 도를 따른다. 그리하면 존귀하다는 명성이 해와 달처럼 떠오르고 온 천하가 우레를 울리듯 호응할 것이다. 그러므로 군자는 숨어 있어도 드러나고 미천해도 밝게 알려지며 사양함으로써 남을 이긴다고 한다.
> 비천한 사람은 이와 반대다. 나쁜 자들과 작당해 그와 벗하는 사람이 더욱 적어지며 비열하게 다투어 명성은 더욱 욕되어진다. 번거로이 수고하면서 편안함과 이익을 추구하지만, 그 자신은 더욱 위태로워진다."

《순자》〈유효편〉 7장

당장 할 수 있는 일을 할 때
미래의 기회가 생긴다

겉과 속이 다른 사람들과 친하게 지내는 리더는 사람들에게 존경받기 위한 명성을 얻을 수 없습니다. 내실 없는 허세를 부려서, 돈과 힘으로 협박해서 얻을 수는 없습니다. 반드시 그 명성에 맞는 바르고 성실한 노력을 한 후에야 얻을 수 있습니다. 그러므로 리더란 안으로는 스스로를 갈고 닦으며 덕을 키우고, 밖으로는 사람들에게 겸손해지려 노력하는 사람입니다.

리더로 나설 수 없는 비천한 사람은 이와 반대입니다. 자신의 이익을 위해 겉과 속이 다른 사람들과 친하게 지내기에 벗하는 사람이 더욱 적어지며, 비열하게 다투기에 명성은 더욱 욕되어집니다. 번거로이 수고하면서 편안함과 이익을 추구하지만 그 자신은 더욱 위험의 구렁텅이에 빠져듭니다.

스스로가 만족하는 경력을 만들기 위해서는 특별한 노력이 필요합니다. 다른 사람이 하는 방식을 그대로 따라 한다고 해서 그 사람처럼 되지는 않습니다. 겉으로 보이는 성과나 모습이 다른 사람의 부러움을 살지 몰라도 스스로 원하는 것이 아니라면 별 소용이 없습니다.

지금까지 한 일을 계속하는 것을 행복으로 생각하는 사람이 있고 현재까지의 일을 바탕으로 조금씩 더 발전하는 것을 행복으로 여기는 사람이 있습니다. 어떤 사람은 전혀 색다른 일을 해 보는 것을 즐겁게 생각합니다. 당장 할 수 있는 일을 하는 것은 누구나 가능합니다. 하지만 당장 할 수 있는 일을 하면서도 그것을 미래의 일과 연결하는 노력을 하는 것은 그렇지 않습니다. 오늘이 급하다고 오늘만 생각한다면 내일은 더 나락으로 빠질 수 있습니다.

우리는 가끔 "인생무상이다"라는 말을 하면서 세상의 덧없음을 아쉬워합니다. 불교에서는 이를 '제행무상(諸行無常)'이라고 합니다. '세상 만물은 늘 한 모양으로 머무르지 않는다', '세상에 변하지 않는 것은 없다'는 뜻입니다.

변화가 자연의 섭리임에도 어떤 사람들은 한번 움켜쥔 자리와 권력, 돈과 명예에 집착합니다. 결국 그 욕심은 괴로움의 근원이 됩니다. 저 역시 '세상의 그 어떤 상황도 변하지 않는 것이 없다'는 진리를 인정하며 하루하루 노력하면서 살아야 한다는 것을 가르치지만 실천하기가 그렇게 어렵습니다.

어려움은
변화의 씨앗이다

대학에서 전자 공학을 전공하고 반도체 기업에서 반도체 엔지니어로 10년쯤 일을 하다가 갑자기 인사 교육을 담당하는 HR 부서로 발령받아 10년 정도 인사와 교육 업무를 했습니다.

인사 전공자가 아니었기에 초기에는 새로운 업무가 어색했습니다. 그때 제 앞에 놓인 선택지는 두 가지였습니다. 하나는 새로운 업무가 싫으면 회사를 나오는 것이었고, 다른 하나는 새로운 업무에 적응해 보는 것이었습니다. 변화를 거부하느냐 수용하느냐의 문제였습니다.

당시 저에게는 선택의 여지가 없었습니다. 수용과 적응만이 답이었습니다. 그간의 전공을 버리고 새롭게 학습해야 했지만 크게 불안하지는 않았습니다. 크지는 않았지만 새로운 업무에 대한 기대와 설렘이 생기기도 했습니다. 그렇게 전공이었던 전자 공학 외에도 HR이라는 새로운 공부거리가 생겼습니다.

이렇듯 전공과 상관없는 업무로의 변경은 기회가 될 수도 있습니다. 아니, 가능하다면 기회로 만들어야 합니다. 분명 어려움이 따라오겠지만 그 도전은 삶의 신선한 동력이 될 수 있습니다. 세상일은 참으로 묘해서 '어렵다', '안 된다'라고 생각하면서 배워야 할 것을 거부하면 이후에 비슷한 지식을 필요로 하는 일이 반복됩니다. 역으로 '가능하다', '해 볼 만하다'고 생각해 무엇이든 배우면 역시 이후에 배운 것을 써먹을 수 있는 상황이 반복됩니다.

포기도 도전도 습관이 됩니다. 포기는 언제든 할 수 있으나 도전은 기회가 생겨야 가능한 일입니다. 쉬운 상황이 기회가 될 수도 있지만 나중에 보면 어려운 상황이 기회가 되는 경우가 더 많습니다. 지금 포기하면 더는 도전할 것이 없지만 지금 도전하면 포기는 언제든 할 수 있습니다.

어쩌면 제가 직장 생활을 포기하는 계기가 될 수도 있었던 인사이동은 오히려 좋은 기회가 되었습니다. 퇴직 후 헤드헌터 업무에서 인사 관련 지식은 너무나도 필요한 요소였습니다. 회사의 일방적인 인사이동에 의해 반강제적으로 인사 업무를 맡았을 때, '퇴직 후 헤드헌터가 되겠다'는 일념으로 일을 배우지는 않았습니다. 그런데 포기하지 않고 도전했던 그것이 미래의 저에게 좋은 기회가 되었습니다. 무조건적인 수용도 문제지만 너무 쉽게 포기하는 것도 문제입니다.

50대 중반이 되자 《논어》가 제 삶에 점점 더 깊게 다가왔고, 그때 새로운 결심을 했습니다. 그동안은 대학 강의와 면접이나 시간 관리, 시간 경영, 경력 계발 관련 주제로 강연했지만 그 순간부터 강연의 주제를 《논어》로 바꾸었습니다. 《논어》로 책을 더 쓰고 강의를 더 해 보자는 목표가 생겼습니다. 취미가 직업이 될 수 있다는 말이 나에게도 적용될 수 있겠다는 생각이 들었습니다.

배운 대로 행해야
성인이 된다

• 발전 •

들지 못한 것보다는 듣는 것이 좋고, 듣는 것보다는 보는 것이 좋고,
보는 것보다는 아는 것이 좋다.
아는 것보다는 그것을 행함이 더 좋다.
학문은 실천할 때 비로소 멈추게 된다.
실천해야 분명해지며 분명해지면 성인이 된다.

不聞不若聞之 聞之不若見之 見之不若知之
知之不若行之
學至於行之而止矣
行之 明也 明之爲聖人

불문불약문지 문지불약견지 견지불약지지
지지불약행지
학지어행지이지의
행지 명야 명지위성인

〈유효편〉 14장

"들은 것은 잊기 쉽고, 본 것은 기억되며, 행한 것은 이해하게 된다"라는 말이 있습니다. 《순자》또한 〈유효편〉에서 매우 유사한 말을 합니다.

배움의 최고 경지는 실천이다

가장 먼저 '불문불약문지(不聞不若聞之)'입니다. 다른 말로는 '듣지 못함은 듣는 것보다 못합니다', '듣지 못한 것보다는 듣는 것이 좋습니다', '듣지 못함은 들음을 이길 수 없습니다. 하지만 들은 것은 쉽게 잊는다는 단점이 있습니다', 'I hear and I forget', '들은 것은 잊기 쉽습니다'로 풀이할 수 있습니다.

둘째는 '문지불약견지(聞之不若見之)'입니다. 다른 말로는 '듣는 것은 보는 것보다 못합니다', '듣는 것보다는 그것을 보는 게 좋습니다', '듣는 것은 보는 것을 이길 수 없습니다. 보는 것은 듣는 것보다 오랫동안 기억되기 때문입니다', 'I see and I remember', '본 것은 기억됩니다'로 풀이할 수 있습니다.

셋째는 '견지불약지지(見之不若知之)'입니다. 다른 말로는 '보는 것은 아는 것보다 못합니다', '보는 것보다는 아는 게 좋습니다', '보는 것은 아는 것을 이길 수 없습니다. 단지 보이는 것이 다가 아닌 경우가 너무 많기 때문입니다', 'I know and I can do',

'아는 것은 할 수 있습니다'로 풀이할 수 있습니다.

넷째는 '지지불약행지(知之不若行之)'입니다. '아는 것은 행하는 것보다 못합니다', '아는 것보다는 행하는 게 좋습니다', '아는 것은 행하는 것을 이길 수 없습니다. 알고 있다는 것과 실천하는 것은 전혀 다른 것이기 때문입니다', 'I do and I understand', '실행하면 완벽히 알게 됩니다'로 풀이할 수 있습니다.

마지막은 '학지어행지이지의(學至於行之而止矣) 행지(行之) 명야(明也)'입니다. '학문은 실천할 때 비로소 멈춥니다', '학문은 실천해야 분명해집니다. 학문이 그렇습니다. 공부가 그렇습니다. 한 번 들은 것으로 공부가 끝났다고 할 수 없습니다', '한 번 본 것으로 공부가 끝났다 할 수도 없습니다. 듣고 보고 배운 것은 행동으로 실천할 때만 완벽하게 내 것이 되기 때문입니다'로 풀이할 수 있습니다.

순자는 이어서 말합니다.

"듣기만 하고 보지 못했다면 비록 널리 많은 것을 들었다 해도 반드시 잘못이 있을 것이다. 보기만 하고 알지 못했다면 비록 널리 많은 것을 기억한다 해도 반드시 망령됨이 있을 것이다. 알기만 하고 실천하지 않는다면 비록 아는 것이 많다 해도 반드시 곤경에 빠질 것이다. 듣지도 않고 보지도 않은 일이라면 비록 합당하게 처리한다고 해도 어진 사람의 방법은 아닐 것이다. 그런 방법으로는 100번을 해도 100번 모두 실패할 것이다."

《순자》〈유효편〉 14장

학문하는 방법이, 먹고사는 방법이 그렇습니다. 어설프게 알고서 알았다고 했다가는 결정적인 순간에 손쓰지 못합니다. 보고 들은 것만으로 판단했다가는 낭패를 볼 확률이 높습니다. 직접 증명하거나 실행해 보지 않고 당당하게 주장한다면 민망함에 쥐구멍을 찾는 일이 많아질 것입니다.

오십에 한 번 더 미래를 꿈꾸는 경우도 마찬가지입니다. 지금까지는 잘되면 내가 잘나서, 못하면 조직이나 시스템이 부실해서 그랬다고 핑계라도 댈 수 있었지만 지금부터는 아닙니다. 잘하면 내가 잘나서 잘한 것으로 만족하면 되지만 못하면 그만큼의 돈과 시간이 사라집니다. 지금까지는 적당히 듣고, 적당히 살피고, 적당히 해도 조직이 실패의 충격을 완화해 주었지만 지금부터는 잘못되는 만큼의 돈이 계좌에서 빠져나갑니다.

그래서 오십을 맞이할 우리, 오십을 맞이한 우리에게는 시간이 필요합니다. 보는 데, 듣는 데, 특히 해 보는 데 들일 시간이 필요합니다. 그래서 조금 더 멀리 보는 눈이 필요합니다. 어차피 시간이 걸릴 일이라면 당장 돈이 되는 일을 따를 게 아니라 오랫동안 할 수 있는 일을 찾아야 합니다. 오래 하면 잘하기 마련이고 잘하면 재미있어집니다. 단 오래 하려면 당장 돈 되는 일이 아니라 재미있고 하고 싶은 일을 선택해야 합니다.

두 마리 토끼를 잡겠다는
욕심을 버릴 것

'충심', '진심', '한마음', '정성을 다하다'는 뜻을 지닌 충(忠)은
중(中)과 심(心)으로 구성된 글자입니다. '마음의 중심 혹은 하
나의 중심으로 모이는 마음'을 뜻합니다. 충심, 진심, 한마음,
정성을 다하는 마음이란 그런 뜻입니다. 무엇보다 공부할 때,
일할 때, 사람을 대할 때 필요한 마음입니다.

그런데 마음(心)이 두 개의 중심(中)으로 나뉜다면 무슨 일이
벌어질까요? 어떤 일을 계속할지 그만둘지 갈등하는 두 마음이
반복된다면 걱정을 피하기 어렵습니다. 근심, 걱정을 의미하는
환(患)은 마음(心) 위에 두 개의 중심(中)이 겹친 형상입니다.

**"본디 글을 좋아했던 사람은 많은데 창힐의 이름만이 전하는 것은
그의 글씨가 한결같았기 때문이다. 농사를 좋아했던 사람은 많은데
후직의 이름만이 전하는 것은 그의 농사가 한결같았기 때문이다.
음악을 좋아했던 사람은 많은데 기의 이름만이 전하는 것은 그의
음악이 한결같았기 때문이다. 의를 좋아했던 사람은 많은데 순임금
의 이름만이 전하는 것은 그의 의가 한결같았기 때문이다. 옛날부**

터 지금까지 두 가지에 마음 쓰며 한 가지 일을 잘한 이는 없었다."

《순자》〈해폐편〉9장

어떤 일이든 충심(忠心)으로 할 수만 있다면 잘할 수 있습니다. 잘하면 더 오래 할 수 있습니다. 설사 크게 돈이 되지 않는 일이라도 재미있으면 마음이 더 집중됩니다. 마음의 집중을 유지하면서도 오래 할 수 있다면 그 일은 정말 잘할 수 있습니다. 그러면 경제적 이득은 자연히 따라옵니다.

재미도 없고 좋아하지도 않는 일을 잘 해내는 사람은 탁월한 능력을 갖춘 사람입니다. 보통 사람이 탁월한 사람을 한 번에 따라가기는 어렵습니다. 보통 사람이 탁월한 사람과 대등해질 수 있는 가장 현실적인 방법은 재미있고 좋아하는 일을 찾아서 꾸준히 하는 것뿐입니다. "옛날부터 지금에 이르기까지 두 가지에 마음을 쓰면서도 한 가지 일을 잘한 사람은 없었다"라는 순자의 말을 믿는다면 한 가지 마음, 충의 마음, 충심이 답일 수 있습니다.

과거에 배운 것이 오늘의 행동을 만든다

인생은 육십부터라는 말이 매우 실감 나는 요즘입니다. 외부 강연이 없는 날은 아침 일찍 사무실로 출근해 모차르트 피아노 협주곡 23번 〈II 아다지오〉를 작게 틀어 놓고 글을 씁니다. 글쓰기가 막히면 연한 커피를 한 잔 내려 마시면서 텅 빈 하늘을 한참 바라보기도 합니다. 관련 책을 읽거나 산책을 하고 글을 씁니다.

어떤 날은 종일토록 말 한마디 하지 않은 채 시간을 보냅니다. 어떤 날에는 누군가가 찾아와 종일 말만 하기도 합니다. 이런 날을 늘 꿈꾸었지만 이런 날이 정말 올 줄은 몰랐습니다. 지나칠 정도로 누리는 시간의 호사에 무한한 감사를 느낍니다. 혼자 있어도 좋고, 둘이 있어도 좋고, 셋이 있어도 좋습니다. 누가 찾아와도 좋고 찾아오지 않아도 좋습니다.

외부 강연이 있는 날은 더 즐겁습니다. 지방으로 멀리 가나 가까운 곳으로 가나 마음이 설레고 흔들립니다. 마이크만 잡으면 시간이 왜 그렇게 빨리 가는지 모르겠습니다. 한 시간 강연도, 두 시간 강연도, 네 시간 강연도 다 비슷합니다.

강연비를 많이 받으면 더욱 좋지만 적게 받아도 감사하는 마음은 비슷합니다. 빨리 받으면 더욱 좋지만 한두 달 늦게 받아도 싫지 않습니다.

강연 후 질문을 받으면 더욱 좋지만 묻는 사람이 아무도 없어도 싫지 않습니다. 낮에 하는 강연이 좋기는 하지만 밤에 하는 강연도 나쁘지 않습니다. 박수를 많이 받으면 더 좋겠지만 박수를 받지 못해도 좋습니다. 다시 불러 주면 더 좋지만 한 번만이라도 감사합니다.

글 쓰고 강연하는 지금이 좋은 이유는 과거와 현재와 미래가 연결되었기 때문입니다. 빠르게 달리지는 못했지만 꾸준히 달린 과거가 있었기에 현실이 있다고 생각합니다. 과거의 쉽지 않은 환경에서도 오늘을 만들어 냈으니 지금의 즐거운 현실이 만들어 낼 미래가 기대됩니다.

퇴직한 지 15년이 지났습니다. 어떻게 그 시간의 터널을 지나왔는지 아득하지만 한 가지 생각만큼은 놓지 않았습니다. '시간이 걸려도 원하는 일을 하면서 사는 내 모습을 보고 싶다'였습니다. 글 쓰고 강연하는 바로 지금의 모습을 말입니다.

제 인생의 춘추 전국 시대를 복기합니다. 누구의 삶인들 아픔과 고통이 없었겠습니까? 누구의 삶인들 소중하지 않을까요? 내 삶이 소중하듯 세상의 모든 삶이 소중한 것이지요. 격렬했던 시대를 살아갔던 순자의 삶과 철학을 읽어 가면서 나를 반추합니다.

오늘 행한 것이 내일의 새로운 목표를 만든다

《논어》가 손에 잡히니 욕심이 생겼습니다. 물론 《논어》 하나도 제대로 완벽하게 학습하려면 앞으로 몇 십 년이 더 걸릴지도 모르지만 《논어》를 넘어 제자백가의 다른 책을 깊게 읽어보고 싶었습니다. 그래서 《순자》를 덥석 잡았는지도 모릅니다. 《논어》를 읽을 때는 공자만 보였습니다. 공자가 살았던 춘추 시대만 보였습니다. 공자와 함께 살아갔던 제자들과 노나라 제나라 군주들만 보였습니다. 그런데 《순자》를 읽으려 하니 《맹자》가 함께 눈에 들어왔습니다. 순자와 맹자의 철학이 대척점에 있었기 때문입니다.

순자의 성악설은 맹자의 성선설을 빼고 설명하기가 어렵습니다. 순자의 예를 소개하려면 맹자의 의를 빼기가 어렵습니다. 맹자와 순자는 전국 시대 사람입니다. 맹자는 공자보다 110년, 순자는 맹자보다 60년 후의 사람으로 이들을 둘러싼 환경은 춘추 시대와 전국 시대로 확장됩니다. 전국 시대에서는 혼란한 천하를 힘으로 통합해 중국 최초의 통일 국가 진을 세운 진시황의 일화를 빼 놓을 수가 없습니다. 순자의 제자이자 법가 사상을 집대성한 한비자의 이야기 역시 마찬가지입니다.

공자, 맹자, 순자의 이야기가 이렇게 흥미로우니 여기에 춘추 전국 시대를 휩쓴 제자백가의 생동감 있는 사상을 모두 접한다면 그 즐거움이 배가 되지 않을까요? 공자가 죽고 바로 나타난 겸애사상의 묵자를 비롯해 공자와 결이 다르기는 하지만 노자, 장자의 노장사상, 지금까지도 많은 전략가의 입에서 떠날 줄을 모르는 병법의 대가인 손자와 순자의 제자인 한비자, 동양 역사학의 아버지로 부르는 한(漢)나라의 역사가 사마천까지 궁금한 인물이 너무 많습니다.

또 다른 목표가 불러오는 확장된 꿈

혹시 오십, 육십이 넘어 재미있는 일을 찾는다면, 더욱 돈이 되고 재미있는 일거리를 찾는다면 공자, 맹자, 순자, 노자, 장자, 손자, 한비자, 사마천 혹은 제가 언급하지 않았더라도 춘추시대를 떠들썩하게 한 제자백가의 한 사람을 선택해 공부해 보면 좋을 듯합니다.

공부 방법은 복잡하지 않습니다. 그 사람의 책을 10권 혹은 20권 정도 읽으면 됩니다. 만약 장자와 관련된 책을 20권을 읽는다면 어떤 일이 벌어질까요? 좋아도 싫어도 20권의 책을 꾸준히 읽어 낸다면 아마도 국내에서 몇 안 되는 장자 전문가라는 호칭을 들을 수 있을 것입니다. 누가 일부러 장자 관련 책을 20권이나 읽겠습니까? 한두 권만 읽어도 장자에 관해 다 안다고 하는 실정에 20권을 읽고 나면 어떤 일이 벌어질까요?

우리가 고전을 다 알지 못한다고 해도 괜찮습니다. 어떤 사람은 공자 전문가, 어떤 사람은 한비자 전문가, 그런 전문가 10

여 명이 모여 춘추 시대 전략가들의 지혜를 함께 논해 보고 원하는 사람들에게 전달할 수 있다면 그것 또한 매우 재미있는 일이 될 것입니다.

거기서 한 걸음 더 나아가 석가모니 전문가, 《반야심경》 전문가, 《금강경》 전문가, 도스토옙스키 전문가, 톨스토이 전문가, 《죄와 벌》 전문가…. 육십 혹은 칠십에 어떤 한 분야의 전문가가 되어 제자백가 전문가 집단의 일원이 되어 보는 것도 재미있을 것입니다.

나를
새로운 삶으로 이끈
순자의 말

아련한 기억 속 순자는 성악설을 주장한 제자백가의 한 사람 그 이상도 이하도 아니었습니다. 공자와 맹자는 가끔 들어 보았지만 순자의 《순자》라는 책은 이름을 들어 보기도 힘들었습니다. 하지만 《순자》를 읽으면서 순자가 맹자를 뛰어넘는, 공자의 학문을 이으려고 노력한 진정한 유학자였다는 사실을 알았습니다.

맹자가 이상을 꿈꾸며 현실을 극복하려 했던 학자였다면 순자는 현실을 바탕으로 현실을 극복하려 했던 학자였습니다. 시대를 내려오면서 인간의 긍정성을 믿었던 맹자의 성선설 사상이 주류가 되었고, 인간의 부정성을 직시한 순자의 성악설 사상은 비주류가 되어 서서히 희미해졌습니다.

기존의 생각과 방식을
뒤엎은 변화의 사상가

춘추 전국 시대, 맹자 같은 학자들은 "인간의 본성은 선하다"라고 했습니다. 그런데 순자는 왜 성악설을 주장했을까요? 많은 사람이 "예스(Yes)"를 외치는데 순자는 왜 "노(No)"를 외친 것일까요? 다들 비슷하게 살아가려는데 순자는 왜 "그게 다가 아니다"라고 외쳤을까요?

"사람의 본성은 나면서부터 이익을 좋아하기에 쟁탈이 생기고 사양함이 없어진다. 나면서부터 질투하고 미워하기에 남을 해치고 상하게 하는 일이 생기며 충성과 믿음이 없어진다. 나면서부터 귀와 눈의 욕망이 있어 아름다운 소리와 빛깔을 좋아하기에 음란이 생기고 예의와 아름다운 형식이 없어진다. 사람은 나면서부터 바라는 것이 있는데, 바라는 것을 얻지 못하면 곧 추구하지 않을 수 없고, 구함에 일정한 기준과 한계가 없다면 곧 다투지 않을 수 없게 되고, 다투면 어지러워지고 어지러워지면 궁해진다. 그러니 이 본성을 따르면 반드시 다투고 뺏으며, 분수를 어기고 이치를 어지럽혀 난폭함으로 귀결한다."

성악론입니다. 어쩌면 춘추 전국 시대의 패권 전쟁은 이미 예견된 것이었습니다. '이익을 좋아하는 인간의 본성은 백성이나 군주나 마찬가지기에 전쟁은 끝이 없고 백성의 고통도 끝이 없다'는 순자의 시각은 매우 현실적이고 논리적이 아닐 수 없습니다. 순자의 성악론은 인간을 단지 부정적으로 본 것이 아니라 극악한 현실을 극복하기 위한 하나의 수단이었습니다. 순자는 악한 천성을 가지고 태어난 인간이 이를 극복하는 현실적인 방안을 이렇게 설명합니다.

"옛 현명한 임금들께서는 어지러움을 싫어했기 때문에 예의를 제정해 이들의 분계를 정함으로써 사람들의 원함을 충족해 주고 필요했던 것을 공급해 주었다. 그리하여 욕망은 반드시 물건에 궁해지지 않도록 하고, 물건은 반드시 욕망에 부족함이 없도록 해 이 양자가 서로 균형 있게 발전하도록 하였는데, 이것이 바로 예가 생겨난 이유다.

예란 욕망을 충족해 주는 것이다. 따라서 반드시 스승과 법도에 따른 교화와 예의의 교도가 있어야 하며, 그런 뒤에야 서로 사양하고 아름다운 형식이 갖추어질 것이다. 사람이 사람이라 할 수 있는 근거는 분별력이 있다는 것이다. 분별에는 분수보다 더 큰 것이 없으며, 분수에는 예의보다 더 큰 것이 없다. 예의는 성왕보다 더 큰 것이 없다."

예론입니다. 예란 사람들의 욕망을 적절히 충족해 주기 위해 만든 자나 저울 같은 것으로, 스승의 가르침과 현명한 선인들이 만든 법도를 따르는 교육의 중요성을 강조합니다. 순자는 공자만큼이나 학습의 필요성을 강조한 학자였습니다. 청출어람의 어원이 《순자》라는 것은 그리 놀라운 일이 아닙니다.

"나는 종일토록 생각만 해 본 일이 있었으나 잠시 배우는 것만 못했다. 높은 산에 올라가 보지 않으면 하늘이 높은 것을 알지 못하고, 깊은 계곡 가까이 가 보지 않으면 땅이 두터운 것임을 알지 못한다. 나는 발돋움을 하고 바라본 일이 있었으나 높은 곳에 올라가 널리 보는 것만 못했다. 푸른 물감은 쪽풀에서 취하지만 쪽풀보다 더 푸르고, 얼음은 물로 이루어졌지만 물보다 더 차다. 학문은 하지 않을 수가 없는 것이다."

누구든 배움을 통하면 스승보다 더 특출난 제자가 될 수 있으며 성인의 반열에도 오를 수 있다 했습니다. 백성이 훌륭한 배움을 통하면 가계를 살리고 나라의 인재가 될 수 있으며, 군주가 훌륭한 배움을 통하면 성군이 되어 백성을 편안하게 할 수 있다 했습니다.

성선설의 맹자와 성악설의 순자가 주장하는 배움의 중요성은 크게 다르지 않음을 알 수 있습니다. 순자는 춘추 전국 시대를 살았던 그 어떤 학자보다 현실적이었습니다. 맹목적인 이상을 따르기보다는 현실을 극복할 실질적인 논리를 펼쳤습니다.

"기우제를 지내면 비가 오는 이유는 무엇인가? 그것은 아무것도 아니다. 기우제를 지내지 않아도 비는 온다. 군자는 자기에게 있는 것에 힘쓰고, 하늘에 달린 것은 흠모하지 않기에 날로 발전한다. 소인은 자기에게 있는 것은 버리고, 하늘에 달린 것을 흠모하기 때문에 날로 퇴보한다. 그러므로 군자가 발전하는 까닭과 소인이 날로 퇴보하는 까닭은 한 가지다."

천론입니다. 놀랍게도 순자는 '하늘은 하늘, 자연은 자연, 사람은 사람이기에 하늘에는 하늘의 길이 있고 사람에게는 사람의 길이 있다'는 생각을 2,300여 년 전에 체계화했습니다. '자연은 인간이 활용하고 보호해야 할 대상이지 경외하고 흠모만 하는 지고지순한 대상이 아니다'라는 과학적이고 논리적인 주장을 폈던 학자가 바로 순자였습니다.

다시 한 번, 변화가 필요하다면 《순자》를

《순자》는 〈성악론〉, 〈예론〉, 〈천론〉을 통해 사상적, 실천적 기반을 소개한 후, 〈학론〉을 통해 학문의 중요성을 강조하면서 훌륭한 군자(리더)가 되어 훌륭한 정치로 평화롭고 정의로운 나라를 실현할 수 있다는 것을 논리적으로 기술한 고전입니다.

"기우제를 지내면 비가 오는 이유는 무엇인가? 그것은 아무것도 아니다. 기우제를 지내지 않아도 비는 온다."

"푸른 물감은 쪽풀에서 취하나 쪽풀보다 더 푸르고, 얼음은 물로 이루어지나 물보다 더 차갑다."

"사람의 본성은 악하다."

"사람이 사람이라 할 수 있는 근거는 분별력인데, 분별은 분수를 아는 것이고 분수에는 예의보다 더 큰 것이 없다."

"천리마도 한 번 뛰어 10걸음을 갈 수 없고, 둔한 말도 10배의 시간과 힘을 들여 수레를 끌면 천리마를 따를 수 있다."

"옳은 것을 옳다 하고 틀린 것을 틀리다 하는 것을 지혜라 하고, 옳은 것을 틀리다 하고 틀린 것을 옳다고 하는 것을 어리석다 한다."

"젊어서 공부하지 않으면 커서 무능해지고, 늙어서 가르치지 않으면 죽어서 생각해 주는 사람이 없고, 있을 때 베풀지 않으면 궁해졌을 때 의지할 곳이 없다."

"정성을 지키면 성공하지만 정성을 버리면 실패한다."

"군자는 자기에게 있는 것에 힘쓰고, 소인은 자기에게 있는 것에 소홀히 한다."

"군자는 자기를 헤아리는 법도로 똑바른 먹줄을 쓰지만 남을 대하는 법도로는 굽은 활도지개를 쓴다."

삶이 안정되고 순조로운 시기에는 조화로운 삶의 정신과 정의를 북돋아 주는 《논어》 같은 고전을 읽어 보는 게 좋습니다. 미래가 불투명하고 변화가 필요한 시기에는 막연한 이상보다는 현실적이고 객관적인 시각으로 난세를 극복하려 노력했던 《순자》를 읽어 본다면 극복의 통찰을 얻을 것입니다.

내가 믿는 세상이 다가 아님을 알아야 변화가 시작됩니다. 내 생각이 다가 아니라는 걸 인식할 수 있어야 변화가 시작됩니다. 경험으로 굳어진 나의 소중한 가치가 최상의 것이 아닐 수도 있습니다. 더 멋지고 더 가치 있는 삶으로 이동할 수 있는

데도 기존의 생각 때문에 움직일 수 없다면《순자》를 더 깊이
읽어 보아야 할 시간입니다.

1장. 미래가 불투명하고 불안한가?

1. 雩而雨 何也 曰 無何也 猶不雩而雨也 (〈천론편〉 9장)

2. 君子敬其在己者 而不慕其在天者 是以日進也 小人錯其在己者 而慕其
   在天者 是以日退也 (〈천론편〉 7장)

3. 人之性惡 其善者僞也 今人之性 生而有好利焉 順是 故爭奪生而辭讓亡
   焉 (〈성악편〉 1장)

4. 不可學 不可事而在天者 謂之性 可學而能 可事而成之在人者 謂之僞 是
   性僞之分也 (〈성악편〉 3장)

5. 以秦人之從情性 安恣睢 慢於禮義故也 豈其性異矣哉 (〈성악편〉 10장)

6. 禮起於何也 使欲必不窮乎物 物必不屈於欲 兩者相持而長 是禮之所起
   也 故禮者養也 (〈예론편〉 1장)

7. 孔子曰 居不隱者思不遠 身不佚者志不廣 (〈유좌편〉 8장)

8. 淸之而愈濁者 口也 (〈영욕편〉 2장)

2장. 새롭게 시작할 준비가 되었는가?

1. 子貢曰 大哉 死乎 君子息焉 小人休焉 (《대략편》 59장)

2. 凡萬物異則莫不相爲蔽 (《해폐편》 1장)

3. 是是非非謂之知 非是是非謂之愚 (《수신편》 3장)

4. 君子 其未得也則樂其意 旣已得之又樂其治 是以有終身之樂 無一日之憂
   (《자도편》 7장)

5. 良農不爲水旱不耕 (《수신편》 5장)

6. 言之信者 在乎區蓋之間 疑則不言 未問則不言 (《대략편》 71장)

7. 天下 國有俊士 世有賢人 迷者不問路 溺者不問遂 亡人好獨 (《대략편》 35장)

8. 爲上則不能愛下 爲下則好非其上 是人之一必窮也 (《비상편》 5장)

3장. 어떻게 더 가치 있는 삶을 만들 것인가?

1. 主道知人 臣道知事 故舜之治天下 不以事詔而萬物成 (《대략편》 47장)

2. 先義而後利者榮 先利而後義者辱 (《영욕편》 6장)

3. 公生明 偏生闇 端慤生通 詐僞生塞 誠信生神 夸誕生惑 (《불구편》 12장)

4. 人之所以爲人者 何已也 以其有辨也 (《비상편》 6장)

5. 夫誠者 君子之所守也 而政事之本也 (《불구편》 9장)

6. 談說之術 矜莊以莅之 端誠以處之 堅彊以持之 譬稱以喩之 分別以明之
   欣驩芬薌以送之 寶之 珍之 貴之 神之 如是則說常無不受 (《비상편》 11장)

7. 臨事接民 而以義變應 寬裕而多容 恭敬而先之 政之始也 然後中和察斷
   以輔之 政之隆也 然後進退誅賞之 政之終也 (《치사편》 5장)

8. 孔子曰 大節是也 小節是也 上君也 大節是也 小節一出焉 一入焉 中君
   也 大節非也 小節雖是也 吾無觀其餘矣 (《왕제편》 4장)

9. 君子之度己則以繩 接人則用抴 度己以繩 故足以爲天下法則矣 接人用

抴 故能寬容 因衆以成天下之大事矣 (《비상편》 10장)

10. 勞力而不當民務 謂之奸事 勞知而不律先王 謂之奸心 辯說譬諭 齊給便
    利 而不順禮義 謂之奸說 (《비십이자편》 6장)

11. 湯旱而禱曰 政不節與 使民疾與 宮室榮與 婦謁盛與 苞苴行與 讒夫興與
    何以不雨 至斯極也 (《대략편》 45장)

12. 誅賞而不類則下疑俗儉而百姓不一 (《부국편》 15장)

4장. 한 가지 성취로 만족할 것인가?

1. 君子曰 學不可以已 靑取之於藍 而靑於藍 冰水爲之 而寒於水 (《권학편》 1장)

2. 吾嘗終日而思矣 不如須臾之所學也 (《권학편》 2장)

3. 騏驥一躍 不能十步 駑馬十駕 則亦及之 (《권학편》 5장)

4. 君子之學也 入乎耳 箸乎心 布乎四體 形乎動靜 小人之學也 入乎耳 出
   乎口 (《권학편》 8장)

5. 學莫便乎近其人 學之經 莫速乎好其人 (《권학편》 9장)

6. 我欲賤而貴 愚而智 貧而富 可乎 其唯學乎 (《유효편》 6장)

7. 鄙夫反是 比周而譽愈少 比爭而名愈辱 煩勞以求安利其身愈危 (《유효편》
   7장)

8. 不聞不若聞之 聞之不若見之 見之不若知之 知之不若行之 學至於行之
   而止矣 行之 明也 明之爲聖人 (《유효편》 14장)

* 각 편의 장 구분은 《순자》(순자 지음, 김학주 옮김, 을유문화사, 2014)를 따랐습니다.